Claudius Netzel

Musik in der 9./10. Klasse

Persen Verlag

Claudius Netzel unterrichtet seit vielen Jahren Musik an Gesamtschulen, ist Fachbereichsleiter und als Orchesterleiter und Kammermusiker tätig. Zahlreiche Veröffentlichungen: CDs, Fachaufsätze, Unterrichtsmaterialien.

Gedruckt auf umweltbewusst gefertigtem, chlorfrei gebleichtem und alterungsbeständigem Papier.

1. Auflage 2009

2. Auflage 2012

Illustrationen: Roman Lechner, MouseDesign Medien AG, Zeven
Satz: MouseDesign Medien AG, Zeven

ISBN 978-3-8344-**3386**-7

www.persen.de

Inhaltsverzeichnis

Inhaltsverzeichnis

Vorschläge für Hörbeispiele

Weitere Informationen zum Thema

Einleitung

Musik in der 9./10. Klasse ist die konsequente Fortsetzung des Vorgängerbandes *Musik in der 7./8. Klasse.* In sechs lockeren Kapiteln begeben Sie sich mit Ihren Schülern[1)] auf die Reise: Durch Deutschland, Europa, Nordamerika, um den Globus bis in den Cyberspace. Jedes Mal lernen Sie stilbildende Musiker verschiedener Epochen und ihr Werk kennen, werden aufgefordert, im Geiste ihres Schaffens selbst Musik zu machen und erwerben weiteres Hintergrundwissen. Das alles wird nicht immer auf direktem Wege gehen, wie wir noch sehen werden.

Der jeweils erste Schritt ist leicht gemacht: Rätsel- und Quizaufgaben führen uns spielerisch an die Künstler und ihre Musik heran, doch spätestens das dritte Arbeitsblatt erfordert Kompetenzen, die Sie vielleicht noch erarbeiten müssen. Hierbei helfen Übungen aus dem Vorgängerband oder (im Vorgriff) die Theorieteile der einzelnen Kapitel dieses Heftes. Es kann also gut sein, dass Sie bis in die 5. Ebene der Theorieleiste vorstoßen müssen (Dreiklänge), um Bachs Präludium angemessen analysieren zu können. So ist das Leben!

Im 9./10. Schuljahr stoßen wir mit den Schülern an die Grenze dessen, wo es gleichgültig sein mag, ob man sich ernsthaft mit gewissen kulturellen Errungenschaften auseinandersetzen muss. Wir haben im 9. und 10. Schuljahr die Aufgabe, jeden in die Lage zu versetzen, elementaren musikalischen Phänomenen auf einem angemessenen Niveau zu begegnen; dazu gehört die Vermittlung theoretischer, historischer, praktischer und emotionaler Kompetenzen.

Auf diesem Weg wird Ihnen dieses Arbeitsheft ein unübertroffen flexibler und vielseitiger Helfer sein. Es gibt 100 verschiedene Wege durch dieses Arbeitsheft, einige Anregungen, Verbindungen und Zusammenhänge finden Sie auf der nächsten Seite. Nutzen Sie diese Vorlagensammlung und die didaktischen Kommentare und Hinweise so, wie die Umstände es verlangen, in welcher Reihenfolge auch immer, denn Musik ist Handwerk und Theorie, Geschichte und Tradition, Geschäft und Konsum und Ausdruck und Leidenschaft. Alles zu seiner Zeit.

Am Ende der Lehrerinfos finden sich jeweils Beispiele und Anregungen, wo entsprechende Hörbeispiele zum Beispiel im Sommer 2009 im Internet frei zugänglich waren. Diese Angaben sind evtl. irgendwann nicht mehr aktuell. Dann begibt man sich bei einer einschlägigen Suchmaschine selbst auf die Suche. Viel Glück!

Ich grüße Sie herzlich

Claudius Netzel

[1)] Der besseren Lesbarkeit halber sprechen wir hier nur von Schülern, Lehrern, Musikern usw. Selbstverständlich sind alle Damen auch gemeint und keinesfalls vergessen.

Themenübersicht

Diese Übersicht zeigt einige Möglichkeiten der thematischen Verknüpfung der einzelnen Einheiten. Nutzen Sie die flexiblen Arbeitsblätter so, wie die Lernsituation und das Niveau in Ihrer Klasse es erfordern. Methodische und didaktische Hilfestellungen und Tipps geben die Kommentare am Anfang eines jeden Kapitels. Besonders zu den *Einblicken* gibt es natürlich noch viel mehr denkbare Anbindungen.

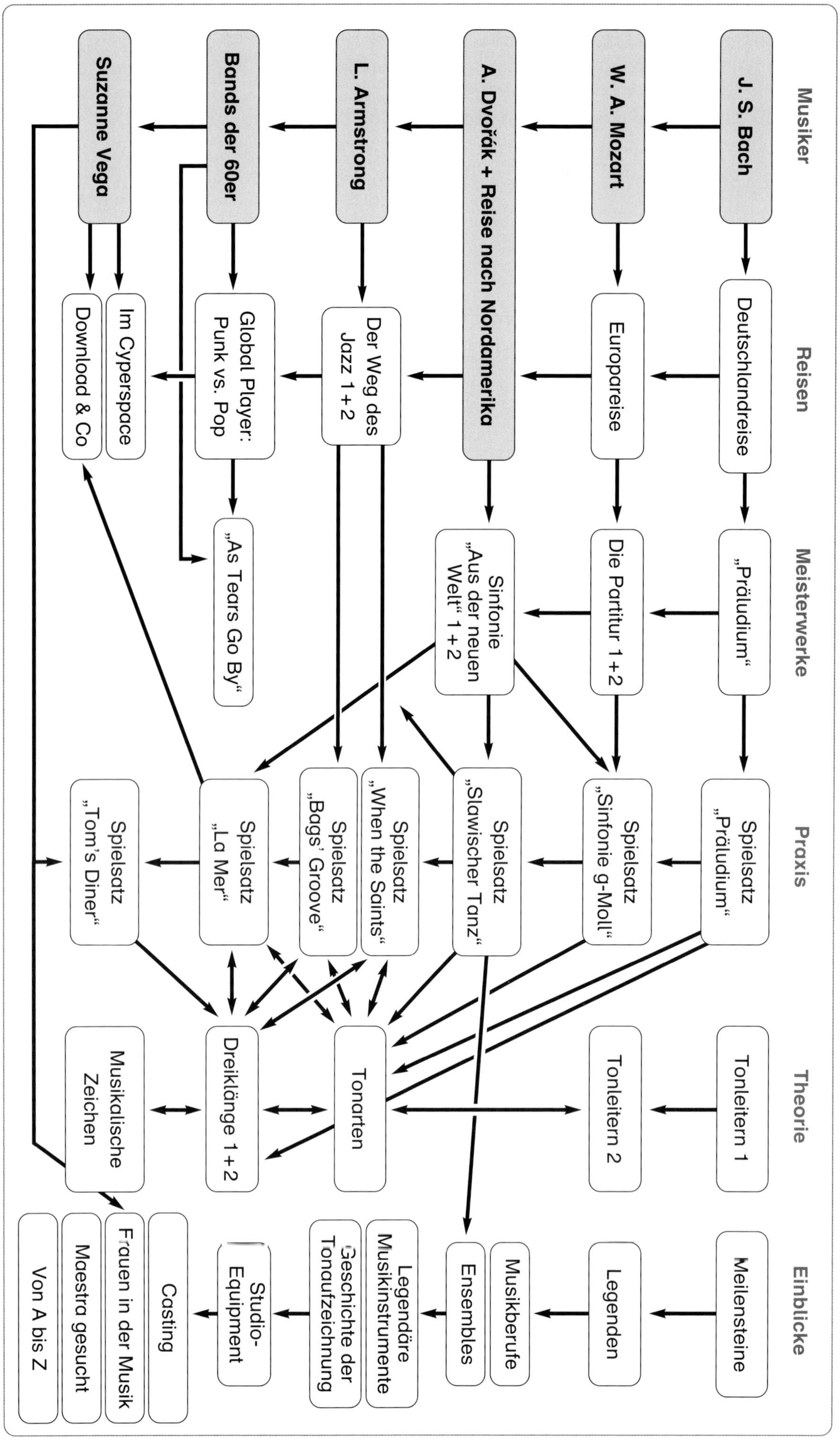

1 1685–1750 Lehrerinfo

Wie plane ich eine Unterrichtseinheit? Material sichten, kopieren, Musikbeispiele raussuchen, alles austeilen, vorspielen, Vortrag halten, zusammenfassen lassen, schriftlich festhalten, wiederholen lassen, Referate verteilen, Test schreiben? Möglich.

Mein Vorschlag: Nehmen Sie sich Zeit für ein Barockprojekt, machen Sie Ihre Schüler neugierig auf die Musik vor 300 Jahren, vergewissern Sie sich der nötigen Grundlagen der Mittelstufe (Stammtöne, Vorzeichen etc.) und präsentieren Sie Johann Sebastian Bach als das, was er war: Einer der genialsten Tonschöpfer aller Zeiten! Einer, der sowohl mit ganz einfachen Mitteln zaubern konnte als auch die ganz große Klaviatur beherrschte.

Beginnen Sie etwa mit einem Brandenburgischen Konzert oder dem Eingangschor des Weihnachtsoratoriums, nehmen Sie eine Orchestersuite o. Ä. und lassen Sie am Anfang die Töne sprechen. Welcher Mensch mag hinter diesen Klängen stecken, wie hat er wohl gelebt? Hat er Fans gehabt, wie wohnte er, wie hat er gearbeitet? All das kann Grundlage für eine erste interessante Diskussion sein, bevor man sich gezielt Informationen beschafft.

Die Arbeitsblätter eigenen sich auch hervorragend zum Stationenlernen. Ergänzt man beispielsweise die drei Arbeitsblätter über das Leben Bachs um die *Meilensteine* (S. 15) und die *Legenden* (S. 24), so verfügt man über 5 Stationen. Oft bieten sie jedoch nur die wichtigsten Stichworte; je nach Leistungsniveau sind die Schüler aufgefordert weiterzuforschen, offene Fragen selbst zu klären oder sich Informationen zu berühmten Zeitgenossen selbst zu erschließen (für die Barockzeit böten sich etwa Georg Friedrich Händel oder Carl Philipp Telemann an) oder eine Mindmap oder Zeitleiste anzufertigen.

Johann Sebastian Bach (1685–1750)

Deutschlandreise

Der Mensch J. S. Bach

Für die Bearbeitung dieser Seiten wird ein Atlas oder ein internetfähiger Recherchecomputer benötigt.

Die wichtigsten Fakten bieten diese ersten drei Arbeitsblätter: Werke, Lebensstationen und Persönliches. So lernen wir Bach in seinen Facetten kennen, hören vielleicht in eine Kantate oder Motette hinein, fragen uns, warum die Brandenburgischen Konzerte überhaupt so heißen (sie wurden 1721 dem Markgrafen von Brandenburg gewidmet) oder lauschen nebenbei dem tollen Doppelkonzert für zwei Geigen.

Präludium Nr. 1 C-Dur

Spielsatz „Präludium“

Tonleitern 1

Bevor uns die Vollkommenheit des Bachschen Werkes zurücksinken lässt, präsentieren wir mit dem Präludium Nr. 1 ein Musikstück, das wir in seiner elementaren Struktur annähernd erfassen können und das uns sogar schöpferisch inspirieren wird. Voraussetzung ist allerdings ein zumindest rudimentäres Verständnis dafür, was ein Dreiklang ist. Dafür muss man den Aufbau einer einfachen Dur- und Molltonleiter verstanden haben. Die Grundlagen hierfür kann das Arbeitsblatt *Tonleitern 1* auf Seite 14 legen.

Nun können Sie einsteigen mit dem Hörbeispiel „Präludium Nr. 1“, oder Sie spielen es selbst vor, wenigstens den Anfang, das sollte gelingen, das ganze Werk überlassen Sie der CD. Es geht ja ohnehin vorerst um die ersten acht Takte. Diesen kurzen Abschnitt kann man sich nun mit verschiedenen Stabspielen und am Klavier, vielleicht auch am E-Bass (Grundton) leicht erarbeiten. Dabei nimmt man sich immer nur kurze Sequenzen vor und wiederholt so lange, bis es klappt.

Die dreistimmige Bearbeitung auf S. 13 ist hierbei eine gute Hilfe, ein strukturiertes Dirigat kann sehr von Nutzen sein und dann kommt die schöpferische Phase. Lassen Sie Ihre Schüler komponieren und arrangieren, vorspielen und aufnehmen. Bach hat es auch nicht anders gemacht: Probiert, erfunden, vorgespielt, korrigiert, bis er mit seinem Ergebnis zufrieden war. Man fängt klein an und am Ende der musikalischen Reise steht ein neues Werk.

Interessant für die Analyse ist auch der Vergleich mit Chopins Etude op. 10 Nr. 1.

Meilensteine

Legenden (Kapitel 2)

Die jeweils letzten Arbeitsblätter der ersten beiden Kapitel (S.15/24) können hier direkt zum Anlass genommen werden, sich eines musikgeschichtlichen Überblicks zu vergewissern. Ebenso sinnvoll kann es jedoch sein, sie zu einem späteren Zeitpunkt quasi als Wiederholung zum Gegenstand erweiterter Überlegungen zu machen (Gruppenarbeit, epochenübergreifende Themenstellung ...).

- Johann Sebastian Bach: Präludium Nr. 1 aus dem „Wohltemperierten Klavier“ (BWV 846)
- Johann Sebastian Bach: Brandenburgisches Konzert Nr. 1, F-Dur, BWV 1046, Allegro
- Johann Sebastian Bach: Suite Nr. 2, h-Moll, BWV 1067, Badinerie
- Johann Sebastian Bach: Weihnachtsoratorium, BWV 248, Eingangschor BWV 214/1: „Jauchzet, frohlocket“
- Frédéric Chopin: Etude op. 10, Nr. 1

Johann Sebastian Bach (1685–1750)

... war ein deutscher Komponist des Barock. Er gilt heute als einer der größten Tonschöpfer aller Zeiten, der die spätere Musik durch sein unglaublich vielfältiges Lebenswerk mit geistlichen und weltlichen Kompositionen wesentlich beeinflusst hat.

Du kannst eine Menge über Bach herausfinden, wenn du diese Stichworte den folgenden Kategorien richtig zuordnest:

Kantate • Organist • Fuge • Orgelgutachter • Orgelwerk
Cembalovirtuose • Suite • Violinist • Oratorium • Sonate
Bratschist • Dirigent • Konzert • Passion • Choral
Komponist • Motette • Improvisateur • Musiktheoretiker

1. Berufe und Aufgaben

2. Kompositionen und Gattungen

instrumental

_ _ _ _ _ _ E _ _	Sololiteratur für Orgel
_ _ _ _ E	Kombination mehrerer Tanzstücke
_ _ _ _ E _ _	Orchesterwerk, oft mit Soloinstrumenten
_ _ _ _ _ E	Instrumentalkomposition in kleiner Besetzung
_ _ _ E	Stück mit imitatorisch sich folgenden Stimmen

vokal

_ _ _ E _ _ _	geistliches Chorstück ohne Begleitung
_ _ _ _ _ _ E	mehrteiliges Chorwerk mit Instrumentenbegleitung
O _ _ _ _ _ _ _ _	nichtszenisches biblisches Großwerk
_ _ _ _ _ O _	geistliche Osterkomposition in großer Besetzung
_ _ O _ _ _	kunstvoll mehrstimmig komponiertes Gemeindelied

Deutschlandreise

Durch Reisen und teilweise erzwungene Ortswechsel wurde Bach auch immer wieder musikalisch angeregt. Reisen war vor 300 Jahren eine beschwerliche Sache, dennoch musste oder wollte Bach diese Mühe auf sich nehmen.

1. Kannst du anhand des Notizzettels Bachs Wohnorte in eine Reihenfolge bringen?

Thomaskirche Leipzig

> Mit 9 Jahren zieht Bach von Eisenach nach Ohrdruf. Im Jahre 1700 geht er nach Lüneburg, wo er 3 Jahre bleibt. In Arnstadt dann entstehen seine ersten Kompositionen, bis er 1707 in Mühlhausen landet. Dort bleibt er nur 1 Jahr, bevor er 9 Jahre in Weimar zu Hause ist. Von 1717 bis 1723 wohnt er in Köthen, von wo er auch nach Karlsbad reiste; dann ist bis zu seinem Tode Leipzig seine Heimat.

2. Folge dem Lebensweg Bachs und zeichne seine Stationen mit Bleistiftlinien nach.

3. Suche die Orte in einem Atlas und ermittle die ungefähren Entfernungen der Reiseziele.

4. Was meinst du: Welche Gründe hatte Bach, so häufig umzuziehen?

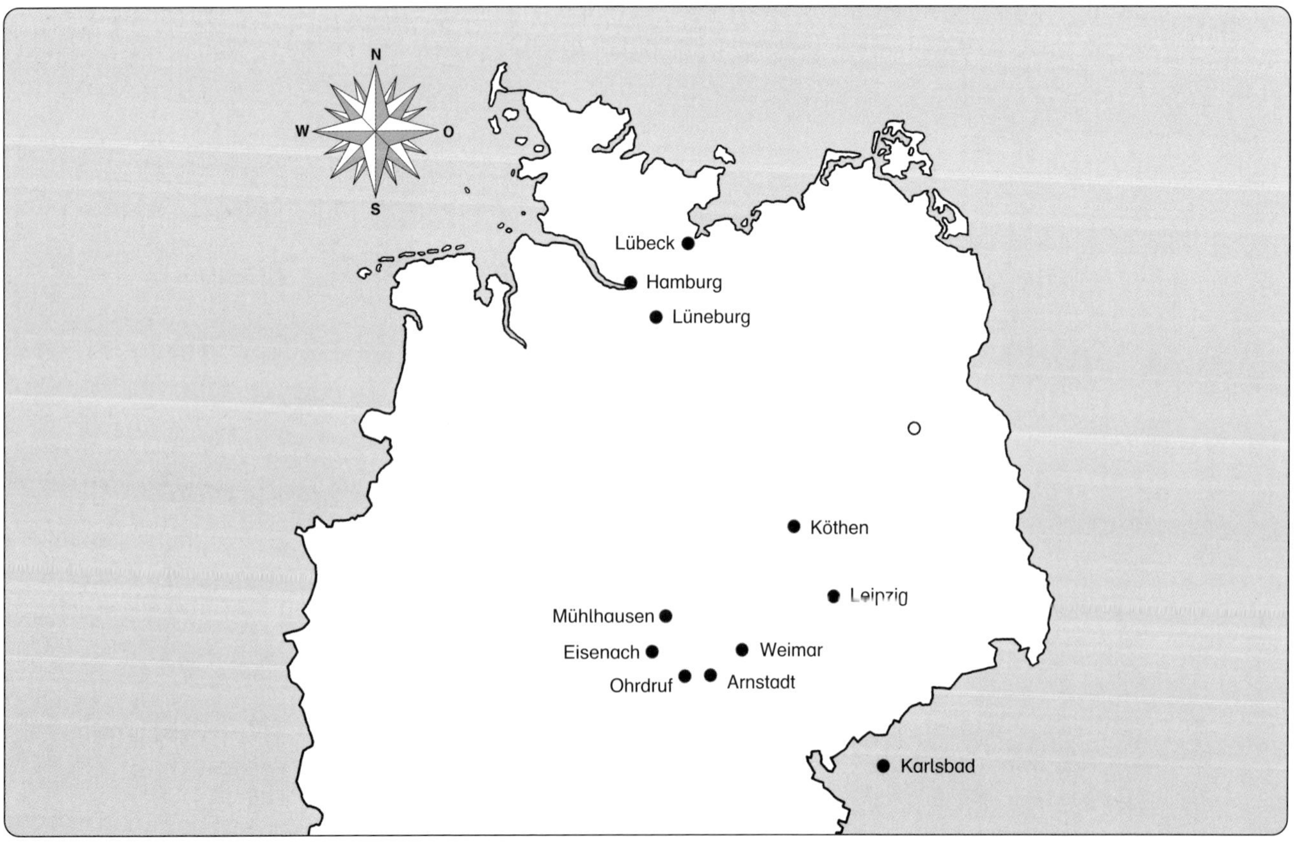

Der Mensch J. S. Bach

1. Fülle die Tabelle mit Bachs wichtigsten Lebensstationen chronologisch aus. Wichtige Informationen enthält auch das vorherige Blatt *Deutschlandreise*.

von (Jahreszahl)	bis (Jahreszahl)	in (Ort)	
			Geburt 21. März, Lateinschule, Tod der Mutter
			lebt beim Bruder, Klavierspiel, Besuch des Lyzeums
			Chorsänger, Orgelausbildung, Reise nach Hamburg
			Violinist, vielfältige Kompositionen
			Hoforganist, Heirat mit Maria Barbara
			Orgelwerke, wird Konzertmeister, 7 Kinder
			Kapellmeister, Tod von Maria Barbara, Heirat mit Anna Magdalena
			Thomaskantor, Musikdirektor, 13 Kinder

2. Überlege dir, was Bach für ein Mensch war. Was machte ihn vielleicht zu dem Genie, das er war? Welche Berufe würde er eventuell heute ausüben? Gibt es in der Gegenwart vergleichbare Menschen? Welche seiner Eigenschaften sind positiv, welche eher negativ? Finde in Musiklexika und im Internet zusätzliche Informationen über Bach heraus und schreibe sie auf ein Extrablatt.

Bach war zu seiner Zeit ein reicher und wohlhabender Mann. Er genoss vor allem als Improvisateur und Orgelgutachter einen hervorragenden Ruf.

Er war ein streng gläubiger Mensch.

Bach war ein unerbittlicher Lehrer.

Die meisten seiner insgesamt 20 Kinder starben sehr früh, genau wie viele andere Kinder der damaligen Zeit.

Einige von Bachs Söhnen waren später viel berühmter und angesehener als er selbst.

Bachs großes kompositorisches Werk war lange nur unter Kennern bekannt. Erst mehr als 100 Jahre nach seinem Tod wurde seine Musik für die Öffentlichkeit wieder entdeckt.

Bach galt als schwieriger Mensch, der sehr genau wusste, was er wollte.

Präludium Nr. 1 C-Dur

Mit sehr einfachen Mitteln komponierte J. S. Bach das Präludium Nr. 1 in C-Dur (BWV 846). Als Grundlage dienen Dreiklänge, die „gebrochen“ werden. Dies bedeutet, dass die einzelnen Töne eines Akkordes nacheinander gespielt werden.

1. Höre dir das Klavierstück an und stelle fest, welche vier der acht unten stehenden Behauptungen auf das Präludium zutreffen.

a) Die linke Hand hält im Bass die Töne aus, sodass sie miteinander verschmelzen.
b) Über die Akkorde legt sich eine sanfte Melodie, die man mitsingen könnte.
c) Der Rhythmus ist streng gleichbleibend, aber reizvoll gestaltet.
d) Ein einprägsamer Rhythmus gestaltet durch Impulse das Klavierstück abwechslungsreich.
e) Überraschende Akzente beleben den Verlauf des Klavierstücks.
f) Es entsteht eine harmonische Bewegung, die trotz ihrer Gleichförmigkeit fesselt.
g) Bach verwendet akkordfremde Töne, um interessante Klangfarben zu erzielen.
h) Durch den Einsatz verschiedener Instrumente entstehen wechselnde Klangfarben.

2. Wer kann beim zweiten Hören feststellen, wieviele Takte das Präludium hat?

PRAELUDIUM I

aus dem 1. Teil des „Wohltemperierten Klaviers“

BWV 846

3. Versuche anhand der ersten fünf Takte, die Ursprungsdreiklänge des Präludiums herauszufinden (Vorsicht: Bach verwendet im 2. und 3. Takt akkordfremde Töne). Notiere dafür zunächst alle vorkommenden Töne als ganze Noten im Violinschlüssel, streiche dann doppelte und akkordfremde Töne und analysiere schließlich die Dreiklänge.

Anregung: Ziehe Vergleiche zu Chopins Etude op.10(1)

Info!

Ein Präludium (lat.: Vorspiel) ist ein Instrumentalwerk mit eröffnendem oder hinführendem Charakter. Ursprünglich war das Präludium ein auf einen Choral hinführendes oder einen Gottesdienst eröffnendes Werk für Orgel, bevor es als eigenständige Form einer Fuge oder eines anderen Werkes voranging (z. B. Johann Sebastian Bach, Praeludien und Fugen für Orgel oder die zwei Teile des Wohltemperierten Klaviers)

Spielsatz „Präludium“

Bei seinem Stück „Präludium Nr. 1 C-Dur“ hat Johann Sebastian Bach folgende einfache Kompositionsprinzipien angewandt:
- gleichbleibender, fließender Rhythmus
- gebrochene Dreiklänge folgen aufeinander
- die Töne klingen teilweise ineinander über

1. Spielt nun die vereinfachten Noten unten dreistimmig nach und achtet darauf, dass die Töne schön klanglich verschmelzen. Fangt langsam an und übt immer nur zweitaktige Abschnitte, bis ihr sie auswendig könnt.

Arr.: C. Netzel

2. Nun komponiert nach Bachs Vorbild ein eigenes Präludium. Entscheidet euch für andere Dreiklänge und kombiniert sie, wie sie euch gefallen. Notiert euer Ergebnis hier.

Tonleitern 1

Der Ton, nach dem eine Tonleiter benannt ist, heißt Grundton. Man unterscheidet zwei Tongeschlechter: Dur und Moll. Dur- und Molltonarten haben jeweils festgelegte Abfolgen von Ganz- und Halbtonschritten.

Schreibe die Ganz- und Halbtonschritte unter die Tonleitern und bestimme die Tonarten. Achte auf Dur und Moll.

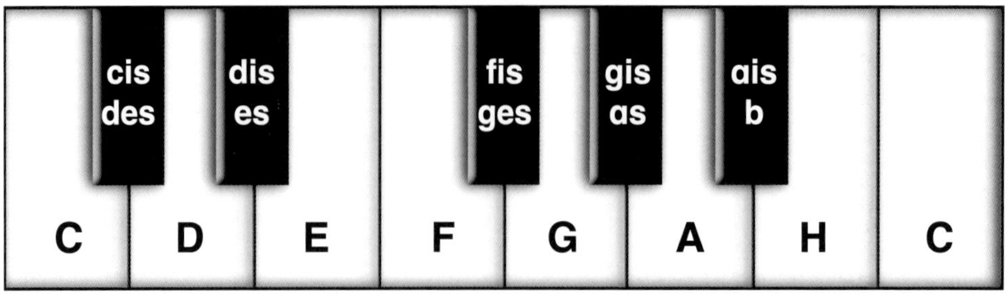

Dur-Tonleitern haben folgende Ganz-/Halbtonfolge:

1	1	1/2	1	1	1	1/2

Moll-Tonleitern haben folgende Ganz-/Halbtonfolge:

1	1/2	1	1	1/2	1	1

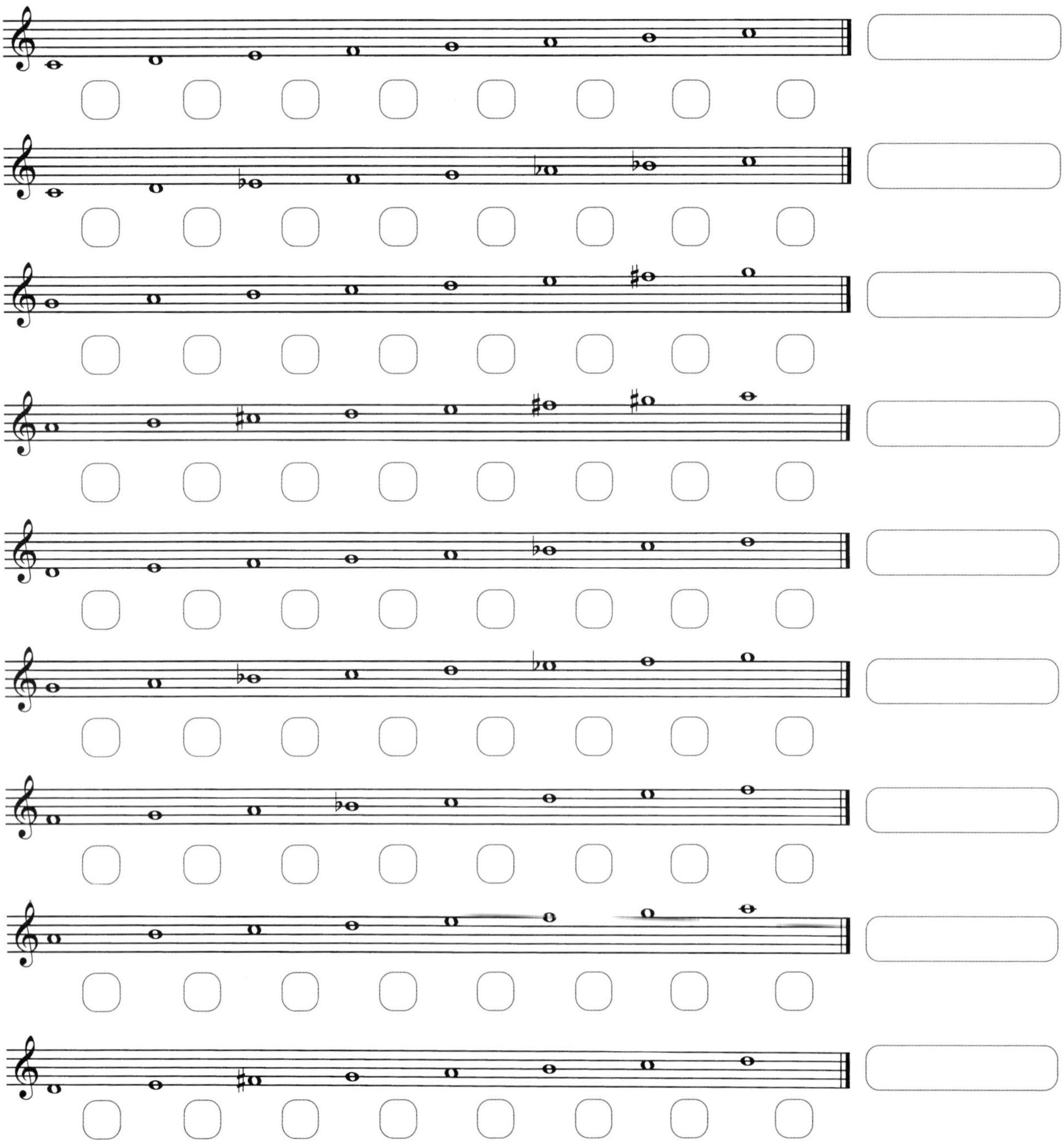

Meilensteine

1. **Lege die korrekte zeitliche Abfolge dieser Meilensteine der musikalischen Entwicklung fest und schreibe das Wichtigste in Stichworten chronologisch geordnet neben einem Zeitstrahl auf.**

2. **Suche passende Bilder einiger dieser Personen im Internet, drucke sie aus und klebe sie hier ein.**

Walther von der Vogelweide (1170–1230), mittelhochdeutscher Dichter, vollendet die Formkunst des mittelalterlichen Minnesangs und setzt dessen entrückter Vergeistigung eine scharfe und persönlich geprägte Erlebniskraft entgegen.

Joseph Haydn (1732–1809) gilt als Vater der klassischen Sinfonie. Er war Vorbild von Mozart, Beethoven und Schubert und komponierte zahlreiche Konzerte, Opern, Oratorien und Kammermusik.

Claude Debussy (1862–1918), frz. Komponist und Schöpfer des impressionistischen Stils, stellt Melodie und Harmonie weitgehend zurück und empfindet Musik als „sinnliche Klang- und Farbkunst".

Hector Berlioz (1803–1869), französischer Komponist, ist bekannt als Wegbereiter der Programmmusik, der oft ein Text oder ein Bild zugrunde liegt („Symphonie Fantastique").

Arnold Schönberg (1874–1951) entwickelte die Zwölftontechnik, die mit ihrer Atonalität die herkömmlichen Tonleitern und Harmonien vollständig auflöst.

Philippe Vitry (1291–1361), frz. Komponist und Vorläufer der Renaissance, führte die bis dahin rein vokale Kunstmusik mit den als weltlich geltenden Musikinstrumenten zusammen („Ars Nova").

Guido von Arezzo (992–1050), italienischer Benediktinermönch, Musiktheoretiker und Lehrer. Entwickelte die Prinzipien der heute noch verwendeten Notenschrift (allerdings mit 4 Linien im Terzabstand), stieß damit aber auf Widerstand der Kirche.

Andreas Werckmeister (1645–1706) führte 1691 die „temperierte Stimmung" ein, die es fortan ermöglichte, auf einem Instrument mehrere Tonarten mit jeweils unterschiedlichem Tonartcharakter zu spielen. J. S. Bach widmete dieser Stimmung sein geniales Werk „Das Wohltemperierte Klavier".

Jacopo Peri (1561–1633) komponierte um 1600 in Florenz die erste Oper der Musikgeschichte („Dafne"). Sie ist heute verschollen. Mehr Erfolg hatte kurz darauf **Claudio Monteverdi**, der heute als eigentlicher Vater der Oper gilt.

Papst Gregor (540–604) führte den einstimmigen unbegleiteten Choralgesang in der Kirche des frühen Mittelalters ein. Im „Gregorianischen Choral" wird jeder Ton gleich lang gesungen. Dieser Stil gilt heute als wesentliche Wurzel der westlichen Kunstmusik.

Guilleaume Dufay (1400–1474) war französischer Vokalkomponist in den Diensten des Burgunderhofes und führte erstmals die volle 4-Stimmigkeit des Chores ein (Sopran-Alt-Tenor-Bass).

Idealerweise sind es im Musikunterricht aktuelle Fragestellungen, die uns einen ersten Blick auf ein Thema werfen lassen. Aus einem Blick auf die Geschichte, einem Blick in die Tradition, können wir lernen. Immer ist es die Auseinandersetzung mit musiktheoretischen Phänomenen, die den Horizont erweitert und hilft, eigene praktische Reproduktions- oder Kompositionsaufgaben zu lösen und selbst im weitesten Sinne schöpferisch tätig zu werden. Und schließlich kehren wir zum Ausgangspunkt zurück und reflektieren gesellschaftlich relevante Zusammenhänge, über die wir wieder in die Gegenwart gelangen.

Über welche Stationen führt in der Welt der Musik der Weg zum Erfolg? Sind besondere musikalische Karrieren planbar? Reicht eine einzigartige Begabung aus, um zum Superstar zu werden oder gehört mehr dazu? Solche oder ähnliche Fragen kann man sich zum Beginn der folgenden Unterrichtseinheit stellen, denn die vorliegenden Arbeitsblätter bieten eine Reihe von Ansätzen für ihre Beantwortung und noch mehr. Übrigens: Einige Mozart-Kanons eignen sich vorzüglich zu einer vokalen Ergänzung dieses Kapitels. Sie sind nicht ganz einfach zu singen. Es stecken aber oft interessante kleine Geschichten dahinter, die uns diese widersprüchliche kindlich-geniale Person näherbringen. Empfohlen sei hier auch der etwas umstrittene, aber dennoch eindrucksvolle Film „Amadeus“ von Milos Forman.

Wolfgang Amadeus Mozart (1765–1791)

Europareise

Die beiden Seiten sollten den Schülern gleichzeitig vorliegen. Zur Bearbeitung werden außerdem ein Atlas und ein Musiklexikon oder ein internetfähiger Recherchecomputer benötigt.

Heute reicht eine Reihe von Klicks im Internet, wenn man etwas über italienische Opernhäuser wissen möchte, eine E-Mail wird verschickt und schon hat man Kontakt zu einem Konzertveranstalter in London, eine Suchanfrage bei Youtube und das Video des Livekonzerts aus Wien flimmert über den Monitor (siehe auch Kapitel 6: *Download*). Vor 250 Jahren musste das Wunderkind Wolfgang Amadeus Mozart lange, entbehrungsreiche Reisen auf sich nehmen, um in die Welt der italienischen Oper einzutauchen. Die Familie musste mit dem Schiff fahren und auf unbequemen Kutschbänken sitzen, wenn sie Kontakt zur Londoner Gesellschaft knüpfen wollte. Nach Wien waren es von Salzburg aus immerhin vier Reisetage – für einen besonderen Anlass war Mozart der Weg jedoch nicht zu weit.

Reisen waren damals nicht Selbstzweck, sie dienten immer einem wichtigen Ziel. Im Falle Mozarts war dieses Ziel der Gewinn von Erkenntnissen und musikalischen Erfahrungen und das Knüpfen von Verbindungen zur Förderung seiner hoffnungsvollen Karriere. Der Vater Leopold wusste sehr genau, was er wollte: den maximalen Erfolg für seinen kleinen Superstar. Dafür bediente er sich der zeitgemäßen Mittel des Marketings: Kontakte, Empfehlungsschreiben, Reisen, Konzerte, Aufträge.

Im Prinzip funktioniert das heute noch genauso. Musikalisches Genie allein reicht nicht. Es braucht noch eine besondere Botschaft, Legenden fördernde Großtaten, Protektion durch einflussreiche Gönner, Geld, Öffentlichkeit – wieder Werbung, Konzerte, mehr Geld, Durchsetzungskraft, Beharrungsvermögen und hohe handwerkliche Kunst (siehe auch Kapitel 6: *Casting*).

Tonleitern 2

Die Partitur 1

Die Partitur 2 – Fachbegriffe

Die Seiten 20 und 21 müssen den Schülern gleichzeitig zur Verfügung stehen.

Handwerkliche Fertigkeiten sind natürlich auch die Basis für den Erfolg Mozarts, schon als kleiner Junge lernte er vom Vater die Regeln der Sprache Musik. Seine melodische Treffsicherheit und harmonische Kreativität sind ohne diese Voraussetzung nicht denkbar. In unserer kleinen Einheit wiederholen wir zunächst mit dem *Tonleitern*-Blatt einige Grundlagen und lernen dann mithilfe eines Partiturausschnitts (S. 20) ein bisschen von diesem Handwerkszeug kennen und ahnen, wie komplex eine Sinfonie gearbeitet ist.

Quelle: Taschenpartitur Edition Eulenburg No. 404, Ernst Eulenburg Ltd. London 1983

Spielsatz: Thema der „Sinfonie g-Moll"

Das erste Thema der späten „Sinfonie g-Moll" kann auf diesem Arbeitsblatt stark vereinfacht dreistimmig erarbeitet werden, was nicht einfach ist! Es empfielt sich, zuerst die Melodie zu üben, dann die 3. Stimme hinzuzunehmen und erst im Anschluss die 2. Stimme einzufügen. Hier ist rhythmische Sicherheit gefragt, die Schüler werden sich bei den Unterstimmen bis zuletzt an die Noten halten müssen und genau und unabhängig spielen – wie im großen Sinfonieorchester.

Legenden

Meilensteine (Kapitel 1)

Die jeweils letzten Arbeitsblätter der ersten beiden Kapitel (S.15/24) können hier direkt zum Anlass genommen werden, sich eines musikgeschichtlichen Überblicks zu vergewissern. Ebenso sinnvoll kann es jedoch sein, sie zu einem späteren Zeitpunkt quasi als Wiederholung zum Gegenstand erweiterter Überlegungen zu machen (Gruppenarbeit, epochenübergreifende Themenstellung ...).

- Mozart-Kanons, z. B. „Bona Nox", „Lieber Freistädtler", z. B. in: Das Kanon-Buch, Schott, Mainz 1999
- Wolfgang Amadeus Mozart: Sinfonie Nr. 40, g-Moll, KV 550, 1. Satz (Molto Allegro); z. B. zu hören unter http://commons.wikimedia.org/wiki/Category:KV_550?uselang=de

- http://de.wikipedia.org/wiki/Mozart
- http://www.amadeusmozart.de/MozartBriefe.htm
  Notenbeispiele auch unter:
- http://imslp.org/wiki/Hauptseite
  oder generell unter „youtube" als Suche eingeben, z. B.
- http://www.youtube.com/watch?v=aZD9nt_wsY0

Wolfgang Amadeus Mozart (1756–1791)

1. In diesem Kreuzworträtsel sind 40 Stichworte zum Leben Mozarts versteckt. Finde sie und ordne sie den passenden Kategorien zu. Die Städtenamen brauchst du auf dem nächsten Blatt *Europareise*.

K	Y	G	H	E	J	K	L	P	O	S	G	C	E	M	B	A	L	O	U
L	W	I	E	N	A	O	Q	W	S	I	C	M	B	L	K	J	H	R	F
A	X	F	T	Z	U	M	B	E	R	N	S	A	L	Z	B	U	R	G	E
V	N	A	B	V	C	Y	F	A	S	F	D	N	F	V	H	J	K	E	N
I	M	M	J	H	L	X	R	Q	Z	O	M	N	K	E	B	M	R	L	G
E	X	S	E	R	E	N	A	D	E	N	L	H	X	N	E	A	P	E	L
R	C	T	I	Y	O	D	N	E	N	I	E	E	K	E	R	I	N	G	I
P	V	E	T	W	P	R	K	U	G	E	I	I	O	D	L	L	P	A	S
L	P	R	A	G	O	E	R	T	L	N	P	M	N	I	I	A	I	M	C
O	A	D	L	E	L	S	E	S	A	R	Z	C	S	G	N	N	T	S	H
M	R	A	I	R	D	D	I	C	N	T	I	Y	T	N	D	D	A	T	X
U	I	M	E	T	U	E	C	H	D	D	G	Q	A	V	R	Q	L	E	S
E	S	Q	N	Z	I	N	H	T	K	O	E	L	N	W	J	R	I	R	C
N	A	N	N	E	R	L	X	Z	F	K	O	N	Z	E	R	T	E	D	H
C	I	L	V	Ö	B	V	B	R	U	E	S	S	E	L	S	K	N	A	W
E	F	Y	Q	B	E	L	G	I	E	N	O	P	Z	K	Q	G	I	M	E
N	V	O	P	E	R	N	L	T	S	C	H	E	C	H	E	I	S	U	I
W	X	N	S	D	L	D	E	U	T	S	C	H	L	A	N	D	C	L	Z
Q	L	A	T	E	I	N	I	S	C	H	L	O	N	D	O	N	H	W	Y
V	I	O	L	I	N	E	C	Y	F	R	A	N	Z	Ö	S	I	S	C	H

Diese Instrumente spielte er:

____

____

____

Diese Kompositionsgattungen hinterließ er:

____

____

____

____

Diese Sprachen beherrschte er:

____

____

____

____

Vorname des Vaters:

____

Spitzname der Schwester:

____

Vorname seiner Frau:

____

Diese Länder bereiste er:

____

____

____

____

____

____

Mozarts Leben war kurz und unglaublich intensiv. Er galt als Wunderkind und begnadeter Pianist, genialer Komponist, war Großverdiener und Geldverschwender, Partylöwe und Familienvater, gefeierter Dirigent und enttäuschter Bittsteller. Sein Vater lehrte ihn früh das musikalische Handwerk, lange, anstrengende Reisen dienten dem Knüpfen von Verbindungen, der Jobsuche und dem Austausch fachlicher Erfahrungen.

2. Finde Antworten auf diese ergänzenden Fragen:

- **Welches sind seine berühmtesten Werke?**
- **Welche bekannten Zeitgenossen Mozarts gibt es?**
- **Was war Mozart für ein Mensch?**
- **Wie starb Mozart?**

Über Mozart

„Wenn Mozart heute lebte, wäre er Rock 'n' Roll-Musiker und kein Klassiker. Schon damals war er ein Unterhalter und seinen Zeitgenossen weit voraus." (Falco, österreichischer Popsänger, 1957–1998)

„Eine Erscheinung wie Mozart bleibt immer ein Wunder, das nicht zu erklären ist." (Johann Wolfgang von Goethe, deutscher Dichter, 1749–1832)

Europareise

Zu Mozarts Zeiten war das Reisen beschwerlich und teuer. Wenn man es dennoch auf sich nahm, hatte man gute Gründe. Mozart reiste viel und weit. Mit einer guten Kutsche legte man 60 Kilometer am Tag zurück. Man hatte Empfehlungsschreiben, war zu Gast in angesehenen Häusern, gab Konzerte und oft wurde man von den verschiedensten Krankheiten aufgehalten. Aus seinen Briefen erfährt man viel über diese Zeit und auch über Mozarts eigenwilligen Charakter.

1. Warum unterzog sich ein Genie wie Mozart diesem Reisestress?

2. Die Europakarte zeigt nur einige der wichtigsten Stationen. Benutze Atlas und Lexikon.

a) Identifiziere die Ziele und ordne sie den Jahreszahlen zu. Eine Stadt wird zwei Mal genannt.

b) Kennzeichne die einzelnen Reisen, indem du die betreffenden Städte miteinander farbig verbindest.

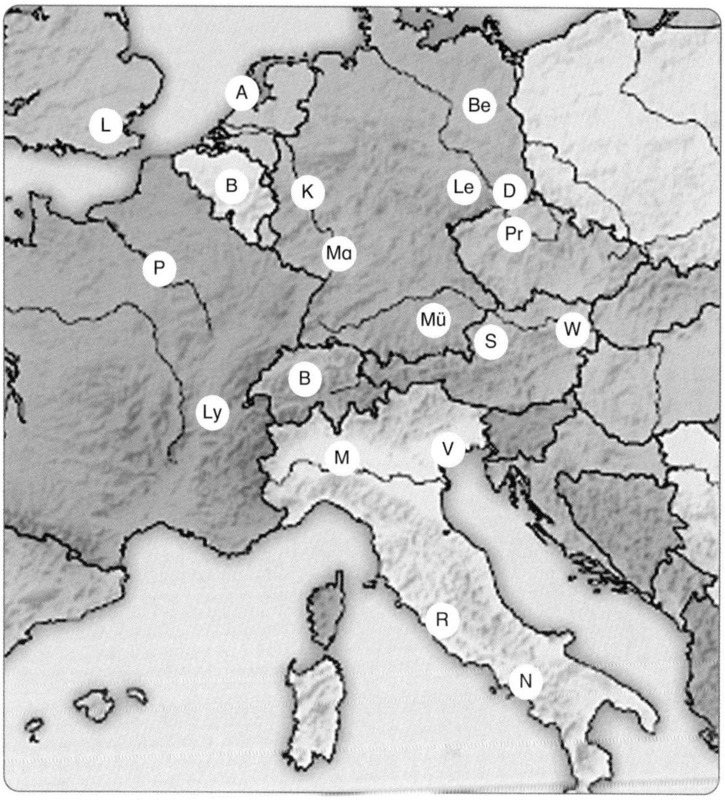

1762

S ______ **W** ______
Mü ______

1769–71

M ______ **R** ______
N ______ **V** ______

1788

Pr ______ **D** ______
Le ______ **Be** ______

1763–66

K ______ **Br** ______ **L** ______
P ______ **Ly** ______ **A** ______
B ______

1777–79

Ma ______ **P** ______

3. Mozarts dritte Konzertreise führte ihn als 13-Jährigen über eine Strecke von mehr als 4000 km. Was erhoffte man sich von diesen Strapazen?

Neben dem Schiff war die Kutsche damals das schnellste Fortbewegungsmittel für lange Reisen. Mozart verbrachte insgesamt 3720 Tage auf den Bänken von Kutschen, die Vater Leopold extra angeschafft hatte. In der Kutsche erhielt Mozart Unterricht, man spielte Spiele und es gab sogar ein kleines Reiseklavier als Übungsinstrument.

Die Partitur 1

Die Partitur ist ein umfangreicher, oft großformatiger Band, der alle für die Einstudierung eines Werkes nötigen Informationen enthält. Der Dirigent hat hier die Übersicht über die einzelnen Stimmen des Orchesters, über Tempi, Dynamik und Phrasierung. Hier abgebildet sieht man zwei Seiten einer sogenannten Taschenpartitur, die kleiner und handlicher ausfällt.

Einzelne Zeichen und Elemente sind mit Zahlen gekennzeichnet. Die Seite „Die Partitur 2“ hilft dabei herauszufinden, welche Ziffer was bedeutet. Trage die Stichwörter ein.

Die Partitur 2 – Fachbegriffe

1. Setze die folgenden Stichwörter richtig ein:

Köchelverzeichnis 550 ◆ erster Holzbläsereinsatz ◆ Versetzungszeichen ♭ ◆ 1. Satz ◆ Violinschlüssel ◆ sehr schnell ◆ Lebensdaten ◆ Alla-Breve-Takt ◆ Bass-Schlüssel ◆ piano (leise) ◆ Holzbläser ◆ Taktzahl 16 ◆ Komponistenname ◆ Pause für alle Bläser ◆ Hörner ◆

a) Wolfgang Amadeus Mozart

b) 1756–1791

c) K 550

d) I.

e) Molto Allegro

f) ¢

g) *p*

h) Flauto/Oboe/Clarinetto/Fagotto

i) Corni

j) Violino I+II/Viola/Violoncello e Contrabasso

k)

l)

m)

n)

o)

p)

q)

r)

2. Finde in der Partitur die Lösungen heraus:

a) In Takt ______ spielen die Celli ihre erste Note.

b) In Takt ______ müssen alle Instrumente „forte“ spielen.

c) In Takt ______ setzen zum ersten Mal Bläser ein.

d) In Takt ______ muss die erste Violine ein „fis“ spielen.

e) In Takt ______ spielen die Bratschen eine ganze Note.

f) In Takt ______ beginnen alle Bläser gleichzeitig zu spielen.

g) In Takt ______ spielen alle Streicher den gleichen Rhythmus.

h) In Takt ______ spielen die Fagotte „solo“.

Spielsatz: Thema der „Sinfonie g-Moll“

W. A. Mozart
Arr.: C. Netzel

Tonleitern 2

Der Quintenzirkel fasst übersichtlich zusammen, welche Vorzeichen die Tonarten haben.

1. **Schreibe in die quadratischen Kästen, wieviele Kreuze (♯) und Bes (♭) die jeweilige Dur-Tonart hat.**
2. **Zu jeder Dur-Tonart gehört eine Moll-Tonart mit den gleichen Vorzeichen. Diese findest du drei Halbtöne tiefer (Beispiel: C-Dur ≙ a-Moll). Trage in die runden Felder die parallelen Molltonarten in Kleinbuchstaben ein.**
3. **Warum heißt der Quintenzirkel Quintenzirkel?**
4. **Schreibe die richtigen Vorzeichen in die unten stehenden Tonleitern. Dabei kann es dir helfen, vorher noch einmal die richtige Ganz- und Halbtonfolge darunter zu notieren.**

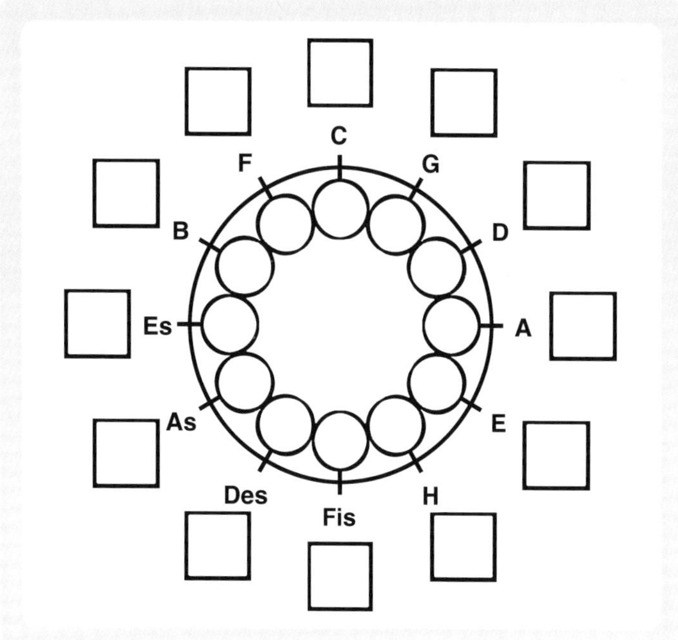

E-Dur

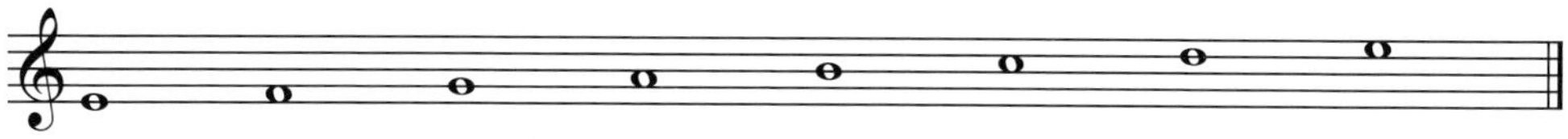

cis-Moll

g-Moll

As-Dur

Des-Dur

gis-Moll

f-Moll

A-Dur

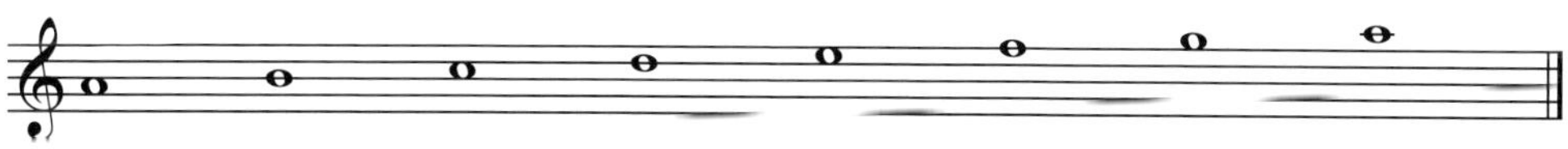

H-Dur

Legenden

1. Finde die Namen der Musiker-Legenden heraus. Von den Nachnamen steht leider nur ein Buchstabe beim Bild. Im Kasten findest du (wenn du brauchst) jeweils die Fortsetzungen.
2. Lege eine Tabelle an und ordne die Musiker den Zeitepochen zu.
3. Sammle möglichst viele Informationen über diese musikalischen Legenden.

14 **musikalische Genies**

7 **interessante Epochen**

350 **aufregende Jahre**

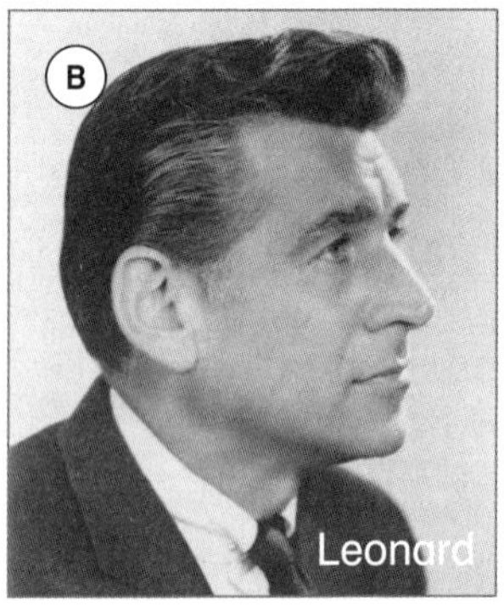

RESLEY ◆ ERSHWIN ◆ RMSTRONG ◆ ENNON ◆ ACH ◆ OZART ◆ ERNSTEIN ◆ HOPIN ◆ CHUMANN ◆ OODMAN ◆ AVIS ◆ ENDRIX ◆ EETHOVEN ◆ ÄNDEL

Barock (1650–1750) ◆ Klassik (1750–1820) ◆ Romantik (1820–1900) ◆ Jazz (ab 1900) ◆ Rock'n'Roll (1950–1965) ◆ Musical (ab 1930) ◆ Rock (ab 1965)

Nun wird es etwas kompliziert. Die Epoche des Barock war dominiert von der Pracht der Klänge, von der Suche nach harmonischer Vollkommenheit im Dienste weltlicher und geistlicher Herrscher. Die Klassik glänzte mit melodiösem Schwung und klaren, fasslichen Formen. Jetzt sind es vor allem zwei Komponisten, die zu neuen Ufern aufbrechen. Sie widersetzen sich der Starrheit konventioneller Strukturen, machen neuartige Stilmittel zugänglich und dringen auf die Freiheit des Ausdrucks. Das sinfonische Werk Beethovens löst sich spätestens mit seiner 5. und 6. Sinfonie von den Strukturen der klassischen Tradition und Franz Schubert begründet mit seinen Liederzyklen den wegweisenden Boom der Hausmusik, weg von der Musik für adlige Kreise, hin zur Musik auch für die bürgerlichen Schichten. Dies entspricht dem gesellschaftlichen Drang nach der Emanzipation emotionaler Parameter und den Bemühungen um anspruchsvolle Musik für Jedermann – zumindest Jedermann der bürgerlichen Schichten. Die Popularisierung der Musik ist bereits im vollen Gange, berühmte Interpreten wie beispielsweise Paganini werden zu Stars und im bürgerlichen Wohnzimmer intoniert man Balladen oder musiziert im Quartett.

Antonín Dvořák (1841–1904)

Da verwundert es nicht, dass sich die Musik neue Wege sucht. Jenseits des Atlantiks gibt es eine Menge zu entdecken und eine Menge zu entwickeln. So erhält der progressive böhmische Komponist Antonín Dvořák den Auftrag, in Amerika musikalisch nach dem Rechten zu sehen. Er löst diesen Auftrag, indem er erstmals transatlantisches Melodiematerial in eine Sinfonie einfließen lässt; ein Verfahren, das sich schon mit den Motiven seiner slawischen Heimat bewährt hat, ein epochaler Kompromiss: Es entsteht die „Sinfonie aus der Neuen Welt". Dvořák war ein Komponist, der aus Überzeugung volkstümliche Melodien in seinen Kompositionen verarbeitete, diese Eigenschaft befähigte ihn besonders für seinen Weg in die „Neue Welt".

Das Arbeitsblatt beschäftigt sich mit drei verschiedenen Aspekten dieser musikalischen Pioniertat: der Person Dvořáks, seinem vielfältigen Schaffen und den wichtigsten Jahreszahlen. Der Weltkartenausschnitt rückt die globale Dimension dieser musikalischen Reise in den Blickpunkt. In der Rückschau mag man einwenden, Dvořák habe eben doch vornehmlich abendländisches Kulturgut nach Amerika transferieren sollen. Tatsächlich jedoch steht er am Beginn einer Linie, die etwa über die amerikanischen Komponisten George Gershwin und Leonard Bernstein bis in die Gegenwart führt und zu der auch die Entwicklung des Musicals gehört.

Sinfonie „Aus der Neuen Welt"

Dieses zweite Arbeitsblatt informiert uns auf der linken Seite über den formalen Aufbau der klassischen Sinfonie nach den Regeln der Sonatensatzform. Diese können wir natürlich auch in Mozarts „g-Moll-Sinfonie" wiederfinden, was ein schöner, aber auch anspruchsvoller Einstieg wäre. Die Analyse komplexer Großformen wie einer Sinfonie ist für Schüler einer 9./10. Klasse schwierig, aber nicht unlösbar, wenn die einzelnen Abschnitte vorweg separiert präsentiert werden. Auf dem Arbeitsblatt stehen alternativ jeweils zwei Textbausteine zur Verfügung, die Schüler müssen sich entscheiden, was sie gehört haben. Achten Sie darauf, dass Sie die Aufnahme rechtzeitig anhalten (Partitur benutzen). Die richtige Zuordnung der Texte steht hinten im Lösungsteil.

„Aus der Neuen Welt" 2 – Analyse

Sie werden nun festgestellt haben, dass es sehr anstrengend ist, eine Sinfonie nach formalen Gesichtspunkten zu analysieren, denn nicht immer präsentiert uns der Komponist seine Motive in reiner Gestalt. Er verändert sie, variiert sie rhythmisch und melodisch, moduliert sie oder reiht Themen aneinander. Wenn Sie das vorige Arbeitsblatt gemeistert haben, wagen Sie sich an dieses. Vielleicht singen Sie vorher einmal das bekannte Spiritual „Swing Low" mit der Klasse und entdecken Sie anschließend die Ähnlichkeiten mit dem Flötenmotiv in Takt 149. Verzweifeln Sie nicht an Aufgabe 2, hier akzeptiert sogar ein Profi in zwei Fällen doppelte Lösungen, nur Mut!

Spielsatz „Slawischer Tanz"

Mut benötigen Sie auch beim Realisieren des „Slawischen Tanzes" auf den Stabspielen. Die folgende Erarbeitungsreihenfolge hat sich bewährt:

- Anhören des Stücks auf einer Aufnahme.
- Zuerst spielen alle die ersten 4 Takte der Melodie.
- Wenn das klappt, kann man jeweils den ersten Ton pro Takt in der 3. Stimme mitspielen. Das ist wichtig, weil die 1. Stimme ja 1/16tel später beginnt.
- Nach und nach spielt die 3. Stimme die kompletten ersten 4 Takte mit.
- Der Rhythmus der 2. Stimme gleicht dem der ersten. Erste und zweite Stimme werden zusammen geübt. Später kommt die dritte Stimme komplett dazu.
- Genau so verfährt man mit allen weiteren viertaktigen Abschnitten.

Die Erarbeitung kann in Kleingruppen mit unterschiedlichen Stimmen oder nach Stimmgruppen geordnet erfolgen.

Wenn Sie vorher den Arbeitsanweisungen zur Analyse auf dem Arbeitsblatt gefolgt sind, dann sind auch bereits die analytischen Grundlagen gelegt, die zusätzlich das musikalische Verständnis fördern helfen.

Ensembles

Über den Erfolg einer Komposition entscheidet nicht zuletzt die Besetzung einer musikalischen Formation. Der Komponist legt damit den Rahmen für die Interpretation fest: Ob Duett oder Bigband, die instrumentale Zusammensetzung der Akteure prägt die Wirkung der Musik. Mit dem Arbeitsblatt *Ensembles* sichern Sie auch die Begrifflichkeiten für eine Weiterarbeit im Bereich Musikrezeption, es führt die Gedanken und Anliegen des Vorgängerbandes *Musik im 7./8. Schuljahr* (z. B. *Sinfonieorchester*) fort.

Musikberufe

Das letzte Arbeitsblatt dieses Kapitels vermittelt, welche guten Geister außerdem noch zum Gelingen einer Bühnenproduktion beitragen. Wer kann schon spontan den Aufgabenbereich eines Managers von dem des Produzenten abgrenzen? Wer weiß, was den Requisiteur vom Inspizienten unterscheidet? Bei der Händeloper oder dem Lloyd-Webber-Musical werden alle Kräfte gebraucht!

- Antonín Dvořák: Sinfonie Nr. 9, op. 95, 1.Satz
  z. B. frei zu hören über: http://www.columbia.edu/cu/cuo/F2002-4.mp3
- Antonín Dvořák: Slawischer Tanz op.72, Nr. 2, e-Moll
  z. B. zu hören unter http://www.youtube.com/watch?v=PeEx-u5FNJI
- Für Arbeitsblatt *Ensembles:*
  Streichorchester: z. B. A. Vivaldi „Der Frühling"
  http://commons.wikimedia.org/wiki/Antonio_Vivaldi?uselang=de
  Streichquartett: z. B. Kaiserquartett (Nr. 62, op 74, Nr. 3, C-Dur)
  Bläserquintett: A. Reicha, Rondo op.91, mit parallelen Noten zu sehen auf:
  http://www.youtube.com/watch?v=st37P2CYwMw
  Big Band: z. B. Duke Ellington http://www.redhotjazz.com/duke.html

Antonín Dvořák (1841–1904)

1. Setze die Stichwörter an der richtigen Stelle ein.

Dvořák wirkte in der Epoche der ______.

Die ______ lag ihm besonders am Herzen.

Dvořák wurde als ______ sehr geschätzt.

Er komponierte insgesamt neun ______.

Seine letzte trug den Titel ______.

Man lud ihn zu einer Reise nach ______ ein.

- Nordamerika
- Sinfonien
- Volksmusik
- Romantik
- Komponist
- „Aus der Neuen Welt“

2. Welche vier Metropolen besuchte Dvořák? Lies den Text dazu.

______ ______

______ ______

3. Füge die richtigen Jahreszahlen aus dem Haupttext ein.

Er wird geboren: ______

Er lernt Geige spielen: ______

Er besucht die Orgelschule: ______

Er wird Bratschist von ______ bis ______

Er erhält ein Kompositionsstipendium: ______

Er reist nach London: ______

Er reist nach Moskau: ______

Er wird Professor in Prag: ______

Er übersiedelt nach New York: ______

Er stirbt in Prag: ______

Antonín Dvořák wurde 1841 als erstes von neun Kindern geboren. Mit sechs Jahren lernte er Geige spielen, später kamen Klavier und Orgel dazu. Mit sechzehn Jahren studierte er an der Prager Orgelschule. Zwei Jahre später nahm er eine Stelle als Bratschist in einem Orchester an. Hier blieb er 11 Jahre, gab auch Klavierunterricht und komponierte nebenbei. 1875 erhielt er ein dreijähriges Staatsstipendium für Komposition, u. a. auf Empfehlung von Johannes Brahms. Zehn Jahre später reiste er das erste Mal nach London. 1887 reiste er nach Moskau.
Vier Jahre später wurde er Professor in Prag. Ein Jahr später übersiedelte er nach New York; hier war er bis 1895 Leiter des Nationalen Konservatoriums. Hier komponierte er auch seine 9. Sinfonie „Aus der Neuen Welt“. 1895 zog er zurück nach Prag, wo er neun Jahre später starb. Antonín Dvořák prägte symphonische Orchestermusik „aus dem Geiste der Volksmusik“, indem er Elemente aus Tänzen und Volksliedern in Formen der Kunstmusik verarbeitete. Neben Sinfonien komponierte er Tänze, Kammermusik, Klavierwerke, Chorstücke und gegen Ende seines Lebens nur noch Opern.

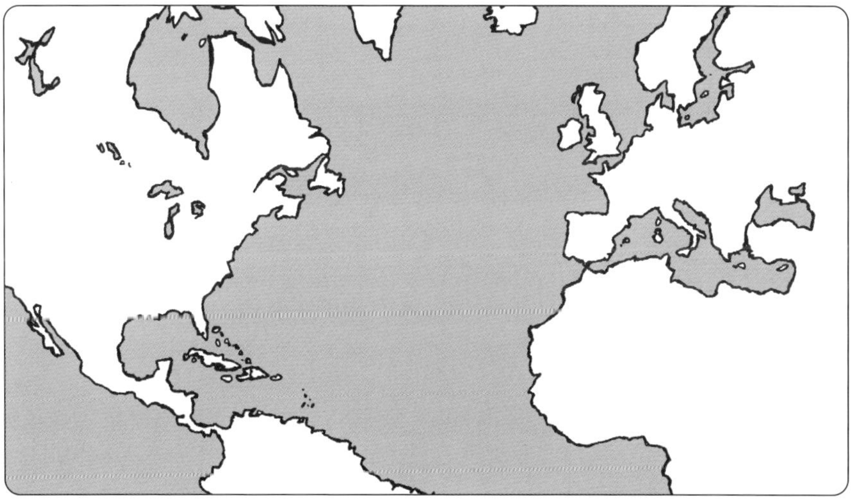

Sinfonie „Aus der Neuen Welt“

Nur eine dieser jeweils zwei Behauptungen ist richtig. Entscheide beim Hören der verschiedenen Teile und streiche immer den falschen Satz. Die übrig bleibenden Sätze beschreiben den 1. Satz von Dvořáks 9. Sinfonie in Form einer kleinen musikalischen Analyse.

Info! Eine Sinfonie ist üblicherweise nach den Regeln der **Sonatensatzform** aufgebaut. Von Ausnahmen abgesehen besteht ein nach der Sonatensatzform gegliederter Satz aus drei Hauptteilen (Exposition, Durchführung, Reprise), denen meist eine langsame Einleitung vorangeht. Am Schluss folgt oft noch eine Coda.

Die Einleitung wird in langsamem Tempo gehalten und dient dem Aufbau von Spannung, nur selten werden hier schon Elemente der Hauptthemen vorgestellt.

- (A) Den Anfang machen die Holzbläser mit einer ruhigen und liedhaften Einleitung. Die Streicher setzen erst später ein, übernehmen dann aber klangvoll die Führung.
- (B) Einleitend dominieren in langsamem Tempo (Adagio) die tiefen Streicher, die von einer Hornfanfare unterbrochen und dann von den hohen Holzbläsern imitiert werden.
- (C) Der melancholische Anfang wird jäh durch einen Ausbruch der Streicher unterbrochen (Streicher: Frage, Bläser: Antwort, Pauke: Schlusspunkt), kurz danach beginnt die Exposition.
- (D) Das gesamte Orchester stellt sich hier mit einem schwungvollen, tänzerischen Auftakt vor und bereitet so die Exposition vor.

Die **Exposition** stellt das thematische Material des Satzes vor. Sie gliedert sich in ein 1. Thema (Hauptsatz) mit einer Überleitung zum 2. Thema (Seitensatz) und der Schlussgruppe (Epilog). Meist verwendet der Komponist für die beiden Themen unterschiedliche, aber verwandte Tonarten. Die Exposition wird oft wiederholt.

- (E) Das Hauptthema wird vom Horn in der Grundtonart e-Moll vorgestellt und anschließend vom Orchester aufgenommen.
- (F) Das Hauptthema stellen die Geigen in der Grundtonart e-Moll vor, es wird dann von den Flöten imitiert.
- (G) Das Seitenthema ist viel schneller angelegt und wird von den Blechbläsern wie in einem Kanon kraftvoll unterstützt.
- (H) Das Seitenthema gibt sich lyrisch-verspielt und wird von der Oboe präsentiert. Es spielt sich lediglich in einem Fünf-Ton-Raum ab.
- (I) In der Schlussgruppe vereinigt Dvořák die Themen. Es entsteht dabei noch ein weiteres Thema (Flöte), das pentatonische Bezüge hat und sich rhythmisch an das Hauptthema anlehnt.
- (J) Dvořák lässt in der Schlussgruppe noch einmal alle Instrumente solistisch auftreten, bevor die Geigen mit der Wiederholung der Exposition beginnen.

In der **Durchführung** werden die in der Exposition vorgestellten Themen musikalisch verarbeitet oder variiert. Dadurch ergeben sich harmonische und rhythmische Veränderungen, Motive werden zerlegt und oft wird in entfernte Tonarten moduliert. Die Durchführung ist deshalb meist sehr spannungsreich.

- (K) In der Durchführung kann man vor allem erkennen, dass der Komponist neue Themen vorstellt, um Abwechslung zu erzeugen.
- (L) Die Durchführung spielt vor allem mit dem Hauptthema, es folgt eine dramatische Steigerung durch die Blechbläser. Nach plötzlicher Beruhigung (Streicher) erfolgt die Rückkehr zum Hauptthema.

Die **Reprise** lässt die Themen der Exposition wiederkehren, meist mit dem Unterschied, dass sie beide in der Grundtonart (Tonika) erscheinen. Dadurch wirkt die Reprise oft versöhnlich.

- (M) Die Reprise ist der längste Teil dieser Sinfonie und man glaubt, im Schlussteil einen Dudelsack als Hommage an Dvořáks schottische Heimat herauszuhören.
- (N) In der kurzen Reprise erscheint dieses Hauptthema nun in erweiterter Form und auch das Seitenthema erklingt in einer verwandten Tonart.

Meist sieht der Komponist am Ende eines sinfonischen Satzes als Schlussformel eine **Coda** vor, die unterschiedlich lang sein kann.

- (O) Eine ausgedehnte Coda wiederholt die Motive des Satzes, reiht Themen aneinander und eine mächtige Steigerung endet im triumphalen Tutti-Schluss.
- (P) Als Coda wird in diesem Satz der „Sinfonie aus der Neuen Welt“ besonders das Schlagwerk benutzt (Triangel, Rassel), um einen triumphalen Schlusseffekt zu erzielen.

„Aus der Neuen Welt“ 2 – Analyse

1. Höre die ersten acht Takte der Einleitung und entscheide, welche dieser acht Behauptungen richtig sind.

A Das Tempo ist sehr langsam.
B Das Tempo wechselt öfters.
C Die Bläser beginnen.
D Anfangs hört man tiefe Streicher.
E Es wird sehr leise gespielt.
F Bei den Bläsern hört man zuerst Klarinetten und Fagotte.
G Flöte und Oboen imitieren den Anfang der Streicher ab Takt 6.
H Im 4. Takt spielt das Horn einen kräftigen Ton.

2. Wie würdest du die Stimmung am Anfang beschreiben?

In der Sonatensatzform gibt es bei der Behandlung von Themen, Perioden, Figuren, Phrasen und Motiven eine Reihe von Möglichkeiten, wie ein Komponist sein Material verarbeiten kann (siehe dunkler Kasten). Hierbei ist das Motiv die kleinste musikalische Einheit. Motive können melodisch, rhythmisch oder harmonisch geprägt sein.

3. Bei der Abgrenzung von Fachbegriffen sind sich auch Musikexperten nicht immer einig. Versuche trotzdem die Zuordnung einiger der elf Begriffe:

Richtungswechsel der Intervalle eines Motivs	Wiederholung eines Motivs in einer anderen Stimme
Wiederholung eines Motivs in einer anderen Tonlage	Abkürzen einzelner Töne des Motivs
Aneinanderhängen verschiedener Motive	Teilweises Verändern eines Motivs
Rückwärtsspielen eines gesamten Motivs	Das Überführen in eine andere Tonart

Wiederholung
Variation
Imitation
Modulation
Sequenzierung
Umkehrung
Reihung
Vergrößerung
Verkleinerung
Spiegelung
Verkürzung
Zerlegung
Krebs

4. Höre den 1. Satz der Sinfonie. Welche Instrumente spielen die drei Themen? Beobachte beim Hören, wie Dvořák seine Motive jeweils verarbeitet.

Takt 24

Motiv Thema 1 · melodische Umkehrung, rhythmische Variation

Takt 91

Motiv Thema 2 · melodische Spiegelung, rhythmische Imitation

Takt 149

Motiv Thema 3 · melodische Umkehrung, rhythmische Verkürzung

Spielsatz: „Slawischer Tanz“

Slawischer Tanz

A. Dvořák
Arr.: C. Netzel

Hören, Analysieren und Erarbeiten eines schwierigen dreistimmigen Arrangements:

1. **Hört euch den „Slawischen Tanz“ op. 72/2 auf einer Aufnahme an. Löst dabei oder danach die folgenden Aufgaben.**
   a) **Welche Instrumente spielen mit? Wie heißt diese Besetzung?**
   b) **Wer spielt die Melodie?**
   c) **In welcher Tonart steht das Stück? Welche Taktart wird verwendet?**
   d) **Wie behandelt Dvořák die Melodik der Oberstimme (Wiederholung, Sequenzierung, Imitation ...)?**
   e) **Analysiert einige Dreiklänge und findet so die Harmonien heraus. Meist bewegen sich die Klänge im Bereich e-Moll, a-Moll, H-Dur.**

2. **Erarbeitet anschließend die ersten 16 Takte des Stücks.**

Ensembles

Meistens bezeichnet man kleinere Besetzungen bis zu zehn Musikern als Ensemble. Aber auch große Orchester und Chöre tragen den Begriff oft in ihrem Namen.

1. Ordne den Bildern die richtigen Fachausdrücke aus dem Kasten zu.

a)

b)

c)

d)

e)

f)

g)

h)

SOLISTBIGBANDBLÄSERQUIN
TETTKIRCHENCHORSTREICHQ
UARTETTSINFONIEORCHEST
ERGESANGSDUOKLAVIERTRIO

2. Schreibe die Besetzungen von 1–10 Musikern auf.

(1)
(2)
(3)
(4)
(5)
(6)
(7)
(8)
(9)
(10)

Info!

Die Fachbezeichnungen für musikalische Besetzungen leiten sich, wie auch die Intervalle, aus den lateinischen Ordnungszahlen ab. Jedoch nicht immer ist diese Regel eindeutig: Ein einzelner Künstler nennt sich Solist, zwei Instrumentalisten sind ein Duo, drei ein Trio; zwei Sänger jedoch singen im Duett, drei im Terzett.

3. Welche dieser Ensembles gab es zu Dvořáks Lebenszeit schon?
4. Warum spielen in einer Bigband keine Flöten mit?
5. Spielt euch Aufnahmen vor und versucht, verschiedene Besetzungen herauszuhören.
6. Zählt noch andere Musikformationen auf und benennt sie, z. B. eine Kapelle nur aus Soldaten, acht Streichinstrumente, ein Orchester nur mit Bläsern, drei Saxofone ...

Musikberufe

1. Versuche zuerst, bekannte Berufsfelder zuzuordnen. Bei den übrigen musst du kombinieren und nach Wortbedeutungen suchen.
2. Liste auf, welche dieser Berufe es bereits zur Zeit der Romantik gab.

a) Schöpferin eines Musikstückes

b) Orchesterleiter, der für die Interpretation eines Musikstücks verantwortlich ist

c) nachgeordnete Dirigentin, die mit einem Orchester probt

d) Hilfskapellmeister, der z. B. mit Sängern übt

e) Spielleiterin, verantwortet die künstlerische Realisation eines Projektes

f) für die künstlerische Gestaltung und Verwaltung verantwortlicher Leiter einer Spielstätte

g) Instrumentalistin, die eine Komposition angemessen realisiert

h) Leiter einer Jazz- oder Tanzband (z. B. Bigband)

i) Bearbeiterin eines Musikstückes für bestimmte Besetzungen

j) Agent, der die kommerzielle Vermarktung eines Ensembles koordiniert

k) Mitarbeiterin beim Aufbau von Bühnen und Equipment

l) Koordinator, der die Richtlinien einer Musikproduktion bestimmt

m) Künstlerin, die die bildliche Unterstützung einer Kampagne gestaltet

n) Gewählte Gruppe, die die Interessen der Orchestermitglieder vertritt

o) Künstler, der die Bewegungsabläufe auf der Bühne bestimmt

p) Mitarbeiterin, die für die beweglichen Gegenstände auf der Bühne verantwortlich ist

q) Koordiniert bei Auftritten die Darsteller und Techniker

r) Für das Makeup und die Haartracht der Darsteller verantwortlich

s) Zuständig für die Gestaltung von Bühnenräumen bei Oper, Theater und Film

t) Gestaltet und realisiert die Garderobe der Darsteller

u) Erste Tänzerin beim Ballett

Kapellmeisterin ◆ Regisseurin ◆ Korrepetitor ◆ Komponistin ◆ Kostümbildnerin ◆ Dirigent ◆ Primaballerina ◆ Bühnenbildner ◆ Requisiteurin ◆ Maskenbildnerin ◆ Choreograf ◆ Inspizient ◆ Orchesterrat ◆ Art-Direktorin ◆ Roadie ◆ Produzent ◆ Manager ◆ Arrangeurin ◆ Bandleader ◆ Intendant ◆ Interpretin

4 1901–1971 Lehrerinfo

Seit wann unterscheiden wir eigentlich E- und U-Musik? Was trennt überhaupt die „ernste" von der Unterhaltungsmusik? Vermutlich leben die Genres schon seit Jahrhunderten eher nebeneinander her. Sicher gab es schon im Mittelalter reine Tanzmusikensembles, die ihre Hits von Generation zu Generation weiterreichten – aber nicht durch die Notenschrift überliefert, das war weder nötig, noch war die Kompetenz vorhanden. Die artifizielle Ausprägung der klassischen Musik verlangte nach schriftlichen Aufzeichnungen, die Volksmusik nicht, sie lebte (wie der Name sagt) in der Bevölkerung und veränderte sich auch ständig.

Louis Armstrong (1901–1971)

Mit der zunehmenden Globalisierung der Musik und dem Aufkommen technischer Aufzeichnungsmöglichkeiten entwickelten sich immer differenziertere musikalische Mischformen. Eine der bedeutsamsten dieser Mischformen bezeichnen wir heute als „Jazz". Im Jazz treffen sich afrikanische (Rhythmik, Improvisation) und europäische (Harmonik, Melodik, Instrumentation) Einflüsse. Ein besonders wichtiger Vertreter des frühen Jazz war der Trompeter Louis Armstrong. Er war ein neuer Typ des Vollblutmusikers: Trompetensolist, Bandleader, Komponist, Arrangeur und Entertainer. Mit ihm und mit seinem Leben beschäftigt sich das erste Arbeitsblatt.

Der Weg des Jazz 1

Der Weg des Jazz 2

Auf diesen beiden Seiten wird die Geschichte des Jazz in der ersten Hälfte des vergangenen Jahrhunderts umrissen. Jeder einzelnen Binnenepoche wird neben der Stilbezeichnung ein Musikmerkmal und ein prägender Musiker zugeordnet, nebenbei gibt es Merkkästen zu Ensembleformen (Combo, Bigband). Auf einer schematischen Amerikakarte kann man den Weg des Jazz von den Südstaaten in die Metropolen nachzeichnen. Die Entwicklung des Jazz kann man ab 1960 als abgeschlossen betrachten. Wer mag, kann spätere Formen wie z. B. Jazzrock oder Fusion als Referat nachliefern lassen. Musikalisch prägend für das Massenpublikum allerdings gelten ab 1955 eher der Rock 'n' Roll, ab 1960 der Beat und in der Folge das, was wir heute als Popmusik bezeichnen.

Die Blätter sollten den Schülern gleichzeitig zur Verfügung stehen.

Spielsatz „When the Saints"

Diesen Spielsatz können Sie leicht einüben. Es gibt von diesem Titel auch historische Aufnahmen z. B. mit Louis Armstrong. Singen Sie den Song zur Gitarrenbegleitung, analysieren Sie den Text und die Harmonien (siehe Aufgabe 2), variieren Sie, improvisieren Sie, machen Sie es wie die Jazzmusiker in New Orleans, bedienen Sie sich aus allen Quellen und lassen Sie die Fantasie spielen – und vor allem: Spielen Sie es jemandem vor, die Musik braucht ein Publikum.

Spielsatz „Bags' Groove"

Dieser Spielsatz orientiert sich an einem Thema des Vibrafonisten Milt Jackson. Das vorliegende Arrangement verweigert sich bewusst einer konkreten Dur-Moll-Einordnung, obwohl das Stück ursprünglich in F-Dur notiert ist. Der Bass folgt hier transponiert dem Bluesschema in a-Moll und die Melodie fügt sich da auch ein, die Mittelstimmen jedoch (im Rhythmus der Melodie) heben eine prägnante Zuordnung auf und sorgen im Satzzusammenhang für interessante Klangfarben. Dieses Kompromiss-Arrangement steht für die vorbehaltlose Offenheit und Toleranz des progressiven Jazz gegenüber jedweder Bearbeitung im Sinne des Grundsatzes: Erlaubt ist, was interessant klingt und zusammen Spaß macht.

4 1901–1971 Lehrerinfo

Die Geschichte der Tonaufzeichnung

Es wurde schon einleitend erwähnt, dass die Entwicklung der Popularmusik und damit auch des Jazz, maßgeblich mit der Entwicklung verschiedener Tonaufzeichnungsmedien zusammenhängt. Diese technischen Mittler zeigt uns dieses Arbeitsblatt. Vollständig ausgefüllt bietet das Papier vielfältige Ansätze für weiterführende Gespräche und Ausarbeitungen. Gehen Sie ins Detail, führen Sie Ihren alten Plattenspieler vor, fädeln Sie ein Tonband ein, Sie glauben nicht, wie viele Schüler das dabei erstmals sehen! Anschließend können Sie sich ja im Gegenzug die Bedienung eines mp3-Handys erklären lassen ...

Tonarten

Dieses Arbeitsblatt befasst sich wieder mit einem musiktheoretischen Problem. Anknüpfend an die Theorieeinheiten aus Kapitel 1 und 2 (*Tonleitern*) geht es hier um die elementare Bestimmung von Tonarten anhand einfacher bekannter Lieder. Man kann sich dabei an den Vorzeichen orientieren und wird so schnell das richtige Ergebnis erzielen. Versuchen Sie es darüber hinaus auch einmal mit einer einfachen Grundtonbegleitung, lassen Sie die Schüler in Gruppen selbst ausprobieren. Eventuell können Sie jeweils folgende zwei Begleittöne vorgeben:

1. „Hänschen klein“:	Begleittöne G und D
2. „Alle meine Entchen“:	Begleittöne F und B
3. „An die Freude“:	Begleittöne D und A
4. „Heho“:	Begleittöne C und G
5. „Drunken Sailor“:	Begleittöne E und D
6. „Kalinka“:	Begleittöne G und D

Legendäre Musikinstrumene

Das letzte Arbeitsblatt dieser Einheit zeigt uns, wie Markennamen auch im Musikgeschäft zum Synonym werden. Die Beatles haben das Ludwig-Schlagzeug zum Markennamen gemacht (nebenbei auch den Höfner-Bass und die Rickenbacker-Gitarre), Joe Cocker schwört auf Shure SM58, Jimi Hendrix ist ohne Marshall-Amp und Pink Floyd ohne Moog-Synthesizer nicht denkbar. Yehudi Menuhin spielt auf einer Stradivari-Geige und Eric Clapton auf einer Fender-Stratocaster-Gitarre. Oft stehen Firmennamen für Glaubenskriege, viele Musikstile sind eng mit bestimmten Instrumenten verbunden; hier sorgt lediglich eine Auswahl für Gesprächsstoff. In Zeiten, wo man beim Begriff iPod sofort an die Firma Apple denkt, gibt es wahrscheinlich nicht sehr viele Schüler, die beim Begriff Silbermann sofort Kirchenorgeln assoziieren.

- Louis Armstrong: „When The Saints“:
  http://www.wikifonia.org/node/893
- Milt Jackson: „Bags' Groove“
  http://www.wikifonia.org/node/936

Louis Armstrong (1901–1971)

Bringe die Jahreszahlen in die richtige Reihenfolge und schreibe die Stichworte an die richtige Stelle.

Kornett • Hot Seven • Big Bands • New Orleans • Trompete • Pianistin • Mississippidampfern • Probleme • Jugend-anstalt • New-Orleans-Stil • Zeitungsverkäufer • New York • Welt • Hello Dolly • Chicago • Entertainer • Trompeter

1922 • 1918 • 1901
1969 • 1908 • 1947
1932 • 1927 • 1924
1913 • 1950 • 1925
1930 • 1971 • 1960

____ wurde er am 4. August in ____ geboren.
____ schlug er sich als ____ durch.
____ wurde er wegen Unruhestiftung in eine ____ eingewiesen.
Hier lernte er, auf dem ____ spielen.
____ spielte er zur Unterhaltung auf ____.
____ Umzug zu King Olivers Band nach ____.
____ Heirat mit Lil Hardin, einer bekannten ____.
Ab ____ feierte er große Erfolge mit seinen Bands „Hot Five" und „____".
____ stieg er vom Kornett auf die ____ um.
Ab ____ spielte er hauptsächlich in ____.
Ab ____ machte er Tourneen durch Europa und um die ____.
____ löste er die Bigband auf und kehrte zurück zum ____.
Ab ____ war er als Sänger, Schauspieler und ____ weltbekannt.
____ begannen seine gesundheitlichen ____.
____ wurde sein Film ____ ein großer Erfolg.
Er galt unumstritten als einer der besten ____.
____ starb er am 6. Juli in ____.

Info! Louis Armstrong war ein Künstler, der durch seine Begabung und Vielfältigkeit auch die Fachleute beeindruckte. Seine Technik galt als überragend und so begründete er als erster Schwarzer so etwas wie ein „Starsolistentum". Er führte den Jazz weg von der Kollektivimprovisation. Man warf Louis Armstrong Zeit seines Lebens vor, sich zu sehr der Kultur und den Ansprüchen der Weißen angepasst zu haben. Andere Kritiker bemängelten, dass sich der Musiker seit 1940 einer Weiterentwicklung verweigert habe.

Der Weg des Jazz 1

Mit dem Jazz entwickelt sich erstmals ein völlig neuartiger Musikstil neben der klassischen Musiktradition. Damit ist der Weg frei für das Entstehen einer globalen Popkultur.

1. Wenn du die Buchstabenblöcke sinnvoll trennst, erhältst du die Lösungsworte für Aufgabe 1 und 2.

Musiker

BIXBEIDERBECKELOU
ISARMSTRONGDIZZY
GILLESPIEMILESDAVI
SORNETTECOLEMAN
DUKEELLINGTON

Stile

CHICAGOJAZZBEBOP
COOLJAZZSWINGNE
WORLEANSJAZZDIXIE
LANDFREEJAZZ

Instrumente

POSAUNESCHLAGZEUG
TROMPETESAXOFON
KORNETTBASSKLARI
NETTEGITARREKLAVIER
TUBA

Stilmerkmale

SOLOIMPROVISATIONFR
EIEIMPROVISATIONIN
STRUMENTALSECTION
SKOLLEKTIVIMPROVI
SATIONGROSSEFREIHE
ITENEXPRESSIVITÄT

Combo

Unter einer Combo versteht man allgemein ein kleines Jazz- oder Popmusikensemble mit bis zu acht meist solistisch besetzten Instrumenten. Neben Trompeten, Saxofonen oder Posaunen sind z. B. auch folgende Instrumente oft in Combos zu finden:

K _ _ _ _ _ _ _ _   K _ _ _ _ _ _   T _ _ _   B _ _ _

G _ _ _ _ _ _   K _ _ _ _ _ _   S _ _ _ _ _ _ _ _

2. Begib dich auf die Reise, die der Jazz in der ersten Hälfte des letzten Jahrhunderts machte und fülle die freien Felder aus.

1900 Aus Blues, Ragtime, March und Spiritual entwickelt sich in den Wohngebieten der Schwarzen von New Orleans ein Musikstil, der sich in den folgenden Jahrzehnten stark verändert und zur Keimzelle der Popmusik wird.

Name des Stils:
N

Hauptmerkmal:
K

Bedeutender Musiker:
L

1910 Aufgrund der Politik der Rassentrennung dürfen schwarze und weiße Musiker noch nicht gemeinsam spielen. Die „weiße" Form des Stils klingt etwas anders.

Name des Stils:
D

1920 Der Jazz bewegt sich fort von der Kollektivimprovisation hin zum Solo und zur parallelen Stimmführung. Es bilden sich Amateurorchester und erstmals etabliert sich das Saxofon.

Name des Stils:
C

Hauptmerkmal:
S

Bedeutender Musiker:
B

Der Weg des Jazz 2

1930 Der Jazz begeistert die Massen und das Publikum füllt große Säle. Die Bigband wird entwickelt; verschiedene Bigbands erlangen internationalen Ruhm.

Name des Stils:
S

Hauptmerkmal:
I

Bedeutender Musiker:
D

1940 Es wird wieder in der Combobesetzung gespielt, besonders Schlagzeug und Bass erhalten neue rhythmische und melodische Freiheiten und man spielt lange Soloimprovisationen, oft in atemberaubendem Tempo.

Name des Stils:
B

Hauptmerkmal:
G

Bedeutender Musiker:
D

1950 Dieser Jazzstil tendiert zu einer introvertierten Grundhaltung mit weit geschwungenen Melodiebögen im oft langsamen Tempo. Der Stil wird hauptsächlich in New York gespielt.

Name des Stils:
C

Hauptmerkmal:
E

Bedeutender Musiker:
M

1960 Der Jazz löst sich völlig von herkömmlicher Melodik, Harmonik und Rhythmik, es werden radikale Spieltechniken mit ungewohntem Klang entwickelt, an die sich das Publikum nur langsam gewöhnt.

Name des Stils:
F

Hauptmerkmal:
F

Bedeutender Musiker:
O

Bigband

Eine Bigband besteht aus zwei sogenannten Gruppen oder Sections.

Diese Blasinstrumente bilden die Melodiegruppe:

T

S

P

Diese Instrumente bilden die Rhythmusgruppe:

G

K

B

S

Spielsatz: „When the Saints“

1. Dies ist ein einfacher Spielsatz des bekannten Traditionals. Ihr könnt ihn variieren, ergänzen oder dazu improvisieren.

- Spielt am Anfang nur die 3. Stimme, erst später die zweite und dann die Melodie.
- Versucht, die Melodie oder auch die Begleitstimmen zu oktavieren.
- Wie klingt es, wenn ihr in der 3. Stimme nur Viertelnoten spielt?
- Wie gefällt es euch, wenn die Melodie für eine Weile weggelassen wird?
- Versucht dazu, mit den Tönen der Melodie über den Begleitstimmen zu improvisieren.
- Legt einen festen Ablauf aus verschiedenen Versionen fest und spielt euer Ergebnis.

Arr.: C. Netzel

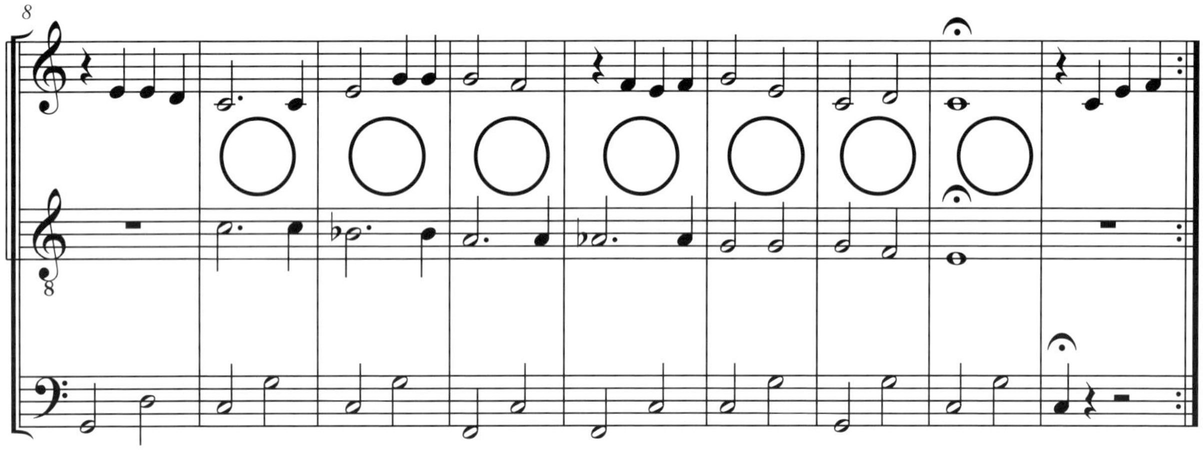

2. Ihr könnt auch ganz neue Stimmen komponieren. Dazu solltet ihr zuerst eine kleine harmonische Analyse machen.

- Schaut euch die zusammen klingenden Noten der drei Stimmen genau an.
  Welche Dreiklänge könnt ihr feststellen? Zur Auswahl stehen: C-Dur, F-Dur, f-Moll und G-Dur.
- Zwei Tipps:
  Takt 10 enthält einen akkordfremden Ton auf der Zählzeit „eins“ (C-Dur-Septimakkord).
  Die 3. Stimme spielt auf der Zählzeit „eins“ stets den Grundton.
- Tragt die richtigen Akkordsymbole in die Kreise oben ein.
- Jetzt kann eine Gitarre oder ein Klavier mitspielen.
- Auf der Grundlage der Dreiklänge könnt ihr weitere Stimmen erfinden.
- Man kann auch gebrochene Akkorde spielen und die Akkordstellung verändern.
- Wenn ihr mit verschiedenen Rhythmen experimentiert, wird es noch interessanter.

Spielsatz: „Bags' Groove“

Im modernen Jazz kursierten schon immer die Themen besonders beliebter und bekannter Stücke in Form von Leadsheets. Hier werden Melodien und Changes (Akkorde) zahlreicher Jazzstandards weitergegeben. Ab1970 wurden die kursierenden Leadsheets anfangs noch handschriftlich zu einem Buch zusammengefasst: Das *Realbook* enthält viele bekannte Titel, und die Komponisten fühlten sich geehrt. Will man ein Jazzstück mit mehreren Instrumenten spielen, so muss man es arrangieren. Das folgende Beispiel zeigt ein solches Arrangement auf der Grundlage von „Bags' Groove“ des Vibrafonisten Milt Jackson. Von diesem 1958 entstandenen Stück gibt es unzählige Variationen und Einspielungen, u. a. auch mit Miles Davis (rechts). Der Interpret hat im Modern Jazz große Freiheiten.

Spielsatz „Bags' Groove“

Kom.: M. Jackson
Arr.: C. Netzel

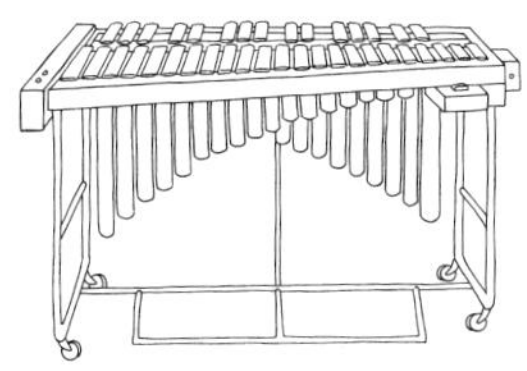

1. **Notiere über der Bassstimme in jedem Takt die erste Note mit dem Tonnamen, das ist jeweils der Grundton. Diesen kannst du als Akkordsymbol später auch für eine Gitarren- oder Klavierbegleitung nutzen.**
2. **Welche auffälligen musikalischen Merkmale kannst du in den Stimmen bemerken (Melodie, Rhythmus, Wiederholungen ...)?**
3. **Welche Rolle spielt in diesem Stück das Tongeschlecht (Dur und Moll)?**
4. **Versucht das Stück zusammen zu spielen, indem ihr zuerst die 1. und dann die 4. Stimme einübt. Geht dabei in viertaktigen Schritten vor. Wenn euch die hier gezeigte Version nicht gefällt, so nehmt die 1. Stimme und probiert andere Begleitungen dazu aus, indem ihr Tempo und Harmonien variiert. Ihr könnt sogar versuchen, über das hier vorliegende zwölftaktige Bluesschema zu improvisieren.**

Die Geschichte der Tonaufzeichnung

1. Ordne den Gegenständen die richtigen Namen und einen Satz aus den Kästen zu.

... die Magnetbänder dafür waren noch sehr empfindlich.
... In den Jahren 1946/47 stellte die Firma Wurlitzer 1,3 Mio Automaten auf.
... die Musikdateien werden auf einer winzigen Festplatte gespeichert.
... bis in die 80er-Jahre waren Singles und LPs die beliebtesten Abspielmedien.
... bis in die 30er-Jahre waren die Schelllackplatten dafür sehr verbreitet.
... Bei diesem Gerät ritzte eine Nadel Rillen in eine Wachswalze.
... In diesen Geräten wird eine mit Silber bedampfte Plastikscheibe von einem Laser abgetastet.
... noch heute werden viele dieser vielseitigen und einfachen Abspielgeräte benutzt.

- Jukebox
- CD-Player
- Tonbandgerät
- Phonograf
- Schallplattenspieler
- Grammofon
- Kassettenrekorder
- MP3-Player

a) Dem Erfinder Thomas A. Edison gelang es 1877, die menschliche Stimme „einzufangen".

b) Emil Berliner meldete 1887 dieses Gerät zum Patent an und ...

c) Bereits 1890 konnte man in dieses Gerät eine 20-Cent-Münze hineinwerfen.

d) Um 1925 löste dieses Magnetnadelsystem das Grammophon ab und

e) Das erste funktionstüchtige Gerät wurde 1935 von AEG vorgestellt, ...

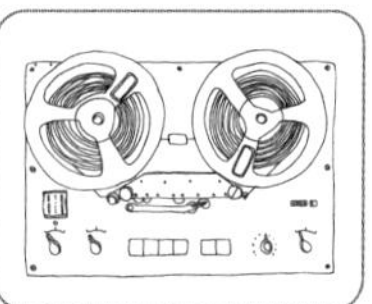

f) 1965 brachte Philips für 299,- DM das erste Serienmodell heraus und ...

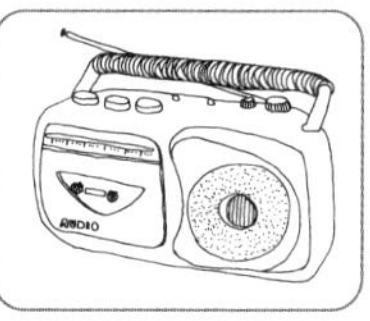

g) Ab1982 tritt die digitale Tonaufzeichnung ihren Siegeszug an:

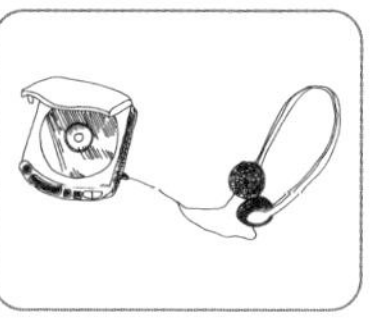

h) In diesen digitalen Playern bewegt sich nichts mehr, sondern ...

2. Wer kann ein altes Gerät mitbringen und vorstellen? Findet heraus:

a) Wie war es bei Kassetten möglich, zwei Seiten zu bespielen?

b) Welches war beim Grammofon das Teil, welches am häufigsten verschliss?

c) Wir war es beim Tonband möglich, bestimmte Stellen präzise aufzufinden?

d) Wie erfolgte bei der Jukebox die Titelauswahl?

e) Welche Vorteile hat ein Kassettenrekorder gegenüber einem MP3-Player?

Tonarten

Leider halten sich die Töne eines Liedes nicht an die Reihenfolge einer Tonleiter. Trotzdem kann man herausfinden, in welcher Tonart ein Lied steht.

- Die Art und Anzahl der Vorzeichen gibt eine Dur- bzw. Moll-Tonart an.
- Wie klingt das Lied? Melancholisch deutet auf Moll hin, fröhlich auf Dur.
- Als zusätzliche Hilfe kann man nach einem häufig vorkommenden Grundton suchen.

1. Finde die Tonart und den Namen der sechs Lieder heraus.

Dur

Liedtitel: Tonart:

Liedtitel: Tonart:

Liedtitel: Tonart:

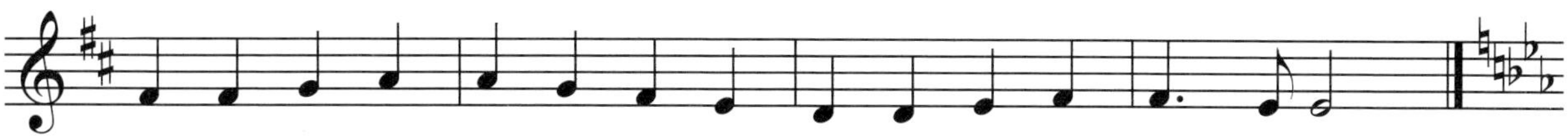

Moll

Liedtitel: Tonart:

Liedtitel: Tonart:

Liedtitel: Tonart:

2. Versuche einmal etwas Neues aus diesen einfachen Melodien zu machen, indem du den Rhythmus veränderst und eine ungewöhnliche Begleitung erfindest, wie z. B. diesen „Swinging Beethoven“:

Legendäre Musikinstrumente

1. **Schreibe immer den Instrumentennamen und den Markennamen unter das betreffende Instrument.**
2. **Fallen dir weitere Produkte ein, deren Markenbezeichnung als Name des Gegenstands benutzt wird?**

Steinway ◆ Gibson Les Paul ◆ Wurlitzer ◆ Selmer ◆ Ampex ◆ Silbermann ◆ Stradivari ◆ Moog ◆ Shure SM58 ◆ Ludwig ◆ Fender Stratocaster ◆ Marshall

Kirchenorgel ◆ Saxofon ◆ Violine ◆ Gitarrenverstärker ◆ Musicbox ◆ 24-Spur-Tonbandmaschine ◆ Drumset ◆ Mikrofon ◆ E-Gitarre ◆ Synthesizer ◆ E-Gitarre ◆ Flügel

a)

b)

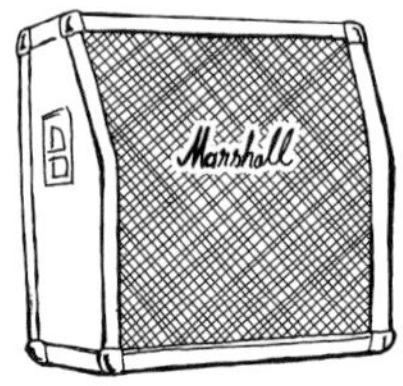

c)

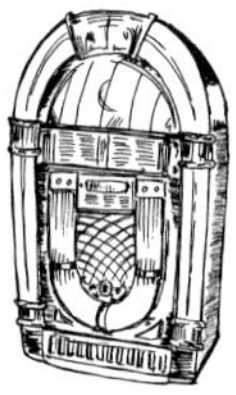

d)

e)

f)

g)

h)

i)

j)

k)

l)

Bill Haley, Chuck Berry, Buddy Holly und etliche mehr leiten mit dem Rock 'n' Roll ab Mitte des vergangenen Jahrhunderts die Entwicklung der Popmusik ein, die sich bis heute weiter entwickelt, Seitenwege nimmt, Revivals hervorbringt und auch in Sackgassen führt. Die Welt wird erstmals mit einer Musik konfrontiert, die vor allem die Jugend in ihren Bann zieht. Lebt der Rock 'n' Roll noch von einer sehr begrenzten rhythmischen, melodischen, harmonischen und formalen Struktur (schneller 4/4-Takt, Scatgesang, meist zwölftaktiges Bluesschema), so gibt sich der Beat ab 1960 anspruchsvoller und vielseitiger (mehrstimmiger Gesang, Arrangements, Balladen, Texte ...). Die erfolgreichen amerikanischen und britischen Bands polarisieren das Publikum, z. B. gelten die Rolling Stones mit ihrem erdigen und dreckigen Rhythm&Blues ewig als unangepasster und rebellischer als die klassischer geprägten, eher experimentell-kreativ daherkommenden Beatles.

Bands der 60er-Jahre

Dieses Arbeitsblatt stellt eine Auswahl prägender Bands der 60er-Jahre in Form von fünf kleinen und erstmal oberflächlichen Lexikonartikeln vor. Wählen Sie bei der Vorstellung der Bands nach Möglichkeit Hörbeispiele vergleichbarer Zeitabschnitte aus, z. B. „Satisfaction“ (Stones), „She Loves You“ (Beatles), „My Generation“ (Who), „Lola“ (Kinks), „Surfin USA“ (Beach Boys), oder lassen Sie die Schüler bekannte Aufnahmen mitbringen. Die Schüler sollen die wichtigsten Fakten als Mindmap zusammenstellen. So erarbeiten sie sich Sicherheit in dieser Arbeitsform und sind gezwungen, sich wirklich auf das Wesentliche zu konzentrieren. Ebenso kann dieses Arbeitsblatt der Ausgangspunkt für eine nähere Beschäftigung mit einzelnen Bands oder der Impuls für Gruppenreferate sein.

Melodik „As Tears Go By“

Dieses Arbeitsblatt ist eigentlich eine versteckte Notenschreib- und -leseübung. Die Schüler sollen anhand der Melodieschnipsel den Notentext in die richtige Reihenfolge bringen. Dazu müssen sie den Song mindestens zweimal hören, dann können sie selbstständig an die Arbeit gehen: Notenschlüssel, Vorzeichen, Zeileneinteilung, Taktstriche, alles schön sauber eintragen, vergleichen. Natürlich machen Sie sich gemeinsam Gedanken zum Aufbau und zur Interpretation des Hits, dabei hilft Aufgabe 2.

Fühlen Sie sich doch einfach nach dieser Arbeit inspiriert, ähnliche Ideen, wie sie hier am Beispiel der Stones gezeigt werden, auch mit Songs der anderen Bands zu verwirklichen, verteilen Sie Referate, machen Sie Kreuzworträtsel, verpuzzeln Sie Songbookseiten auf dem OHP, hören Sie Musik und lassen Sie raten, liefern Sie Informationen und lassen Sie ordnen, rätseln, zusammenfassen oder auseinandernehmen. So entsteht ein lebendiges Bild einer vergangenen Epoche, die bis heute unsere Hörgewohnheiten entscheidend prägt.

Global Player: Punk vs. Pop

Dieses Arbeitsblatt zeigt exemplarisch die parallele Entwicklung der Popmusik und des Punk in den 70er-Jahren. Der Punk stellte der weltweiten Etablierung des Pop einen ebenso weltweiten radikalen Gegenentwurf gegenüber. Bis heute verweigert sich der Punk in gewissem Maße der Vereinnahmung. Er ist Lebensgefühl und Musikstil gleichermaßen und ist doch auch nur ein Teil der Musikszene selbst.

Spielsatz „La Mer“

Zugegeben, dieses Arbeitsblatt scheint inhaltlich und thematisch nicht in die Reihe zu passen. Aber: „La Mer“ wird wie Mozarts g-Moll-Sinfonie, wie „As Tears Go By“ von einer unsterblichen Melodie getragen, klingeltonreif. Diese Melodien bewegen sich immer wieder in unseren Köpfen, berühren unsere Gefühle und verlangen danach, aufgenommen zu werden. Solche Melodien im Original zu hören, mit ihnen zu spielen, sie zu benutzen, sie in einen Kontext zu rücken, das ist Teil eines kreativen und vorurteilsfreien Umgangs mit musikalischem Kulturgut allgemein. „La Mer“ ist ein Beispiel für so eine Melodie, die sich eingeordnet hat und so im besten Sinne des Wortes zeitlos erscheint. Ein Klassiker, der uns obendrein vor interessante Aufgaben stellt, analytisch und praktisch – eine Jahrhundertmelodie.

Dreiklänge 1

Dreiklänge 2

Wer unsterbliche Melodien erschaffen will, sollte etwas von Tonleitern verstehen. Wer nun diese Melodien in einen angemessenen harmonischen Zusammenhang setzen will, der sollte sich jetzt mit Dreiklängen beschäftigen, die, wie wir sehen werden, eine enge Beziehung zu den Tonleitern haben. Diesen Zusammenhang klären die folgenden beiden Arbeitsblätter mit ihren aufbauenden Übungen. Die Analyse und der Umgang mit Dreiklängen und Akkorden ist anfangs unübersichtlich. Wer hier Erfahrungen sammeln möchte und seine Kenntnisse erweitern will, der muss gewissenhaft und regelmäßig üben. In diesem Falle sollten sich die Schüler immer wieder gegenseitig Aufgaben stellen und auch gemeinsame Klang- und Erfindungsübungen machen.

Studio-Equipment

Abschließend und ohne eine bestimmte Zuordnung geht es um spezielles Studio-Equipment. Dieses letzte Arbeitsblatt können Sie sowohl mit den Stones in Verbindung bringen (denn sie benutzen wohl viele dieser Geräte) als auch in Fortführung der „legendären Musikinstrumente“ ins Spiel bringen, völlig isoliert als Quiz in die Waagschale werfen oder sogar behaupten, hiermit eine Phalanx bahnbrechender moderner Musikinstrumente zu präsentieren. Dann lassen Sie raten. Wer die beste Erklärung hat, gewinnt. Sie können sich sogar ganz dumm stellen und von den Schülern verlangen, alles allein herauszufinden. Speziell wird es bei der In-Ear-Technik, die im professionellen Bereich als Studio- oder Live-Monitoring genutzt wird oder der DI-Box, einem Gerät, das Signale auf dem Weg zum Mixer splittet (damit z. B. sowohl der Bassist seinen Verstärker hört, als auch der Tontechniker das Signal erhält).

- Rolling Stones: "Satisfaction"
  www.videoplayer.hu/videos/play/30427
- "Paint it Black"
  http://www.wikifonia.org/node/102
- "As Tears Go By"
- Beatles: "She Loves You"
  http://www.youtube.com/watch?v=9_3TK0TARZ0&feature=related
- "A Hard Days Night"
  http://www.wikifonia.org/node/368
- Kinks: "Lola"
  http://www.lastfm.de/music/The+Kinks/_/Lola
- Who: "My Generation"
  http://www.songfacts.com/detail.php?id=83
- Beach Boys: "Surfin' USA",
  http://www.songfacts.com/detail.php?id=1244
- Sex Pistols: "Anarchy in the UK"
  www.songfacts.com/detail.php?id=1625
- Bobby Darin: "Beyond The Sea"
  http://www.songfacts.com/detail.php?id=4981

Bands der 60er-Jahre

Fasse die wichtigsten Fakten in einer Übersicht oder Mindmap zusammen.

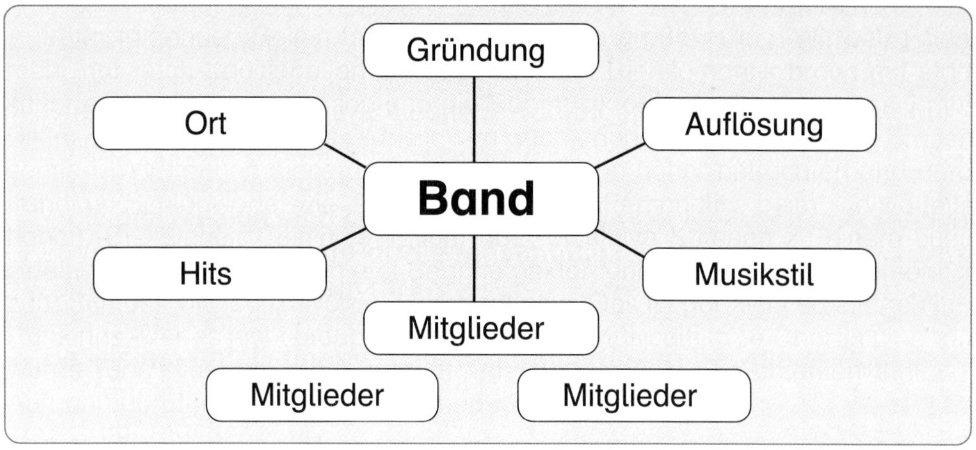

Mick Jagger, Brian Jones und Keith Richards gründeten 1962 in London die bis heute legendäre Rhythm&Blues-Band „The Rolling Stones", die sie nach einem Song von Muddy Waters benannten. Kurz darauf stießen Charlie Watts (dr) und Bill Wyman (b) dazu. Ihre großen Erfolge wie „Satisfaction" oder „As Tears Go By" stehen bis heute für raue Songs und Balladen gleichermaßen. Die Stones sind nach fast 50 Jahren die dienstälteste Rockband der Welt und immer noch erfolgreich im Geschäft, wenn auch inzwischen in anderer Besetzung.

In nur sieben Jahren schufen die vier Liverpooler John Lennon, Paul McCartney, George Harrison und Ringo Starr seit 1962 mit über 200 Hits (wie z. B. „Yesterday" oder „Let It Be") eine bespielhafte Serie von Erfolgen. Wohl keine Band hat jemals einen größeren musikalischen Einfluss auf die folgenden Generationen gehabt. Seit 1965 traten sie nicht mehr öffentlich auf und 1969 trennten sie sich, um Solokarrieren zu starten. John Lennon wurde 1980 erschossen, Harrison starb 2001.

Anfangs galt die 1964 gegründete Band als Radaucombo der britischen „Mod"-Bewegung, verschaffte sich aber durch ihre Konzeptalben „Tommy" und „Quadrophenia" großen Respekt. Pete Townshend pflegte regelmäßig auf der Bühne seine Gitarre zu zerschmettern und Sänger Roger Daltrey schwang sein Mikro weit durch die Luft. Größter Hit war „My Generation". Nach dem Tod des Drummers Keith Moon 1978 verebbte der Ruhm langsam und die Musiker gingen eigene Wege.

Die Band wurde 1964 durch die Brüder Ray und Dave Davies in London gegründet und zählt zu den Urvätern des Punk und Britpop. Zu ihren größten Hits zählen „Sunny Afternoon" und besonders das umstrittene „Lola" aus dem Jahre 1970. Als der Schlagzeuger Mick Avory 1984, genervt von den ständigen Streitereien der Brüder, die Band verließ, waren auch die großen Erfolge Vergangenheit.

Die Beach Boys waren nach ihrer Gründung 1961 durch die Brüder Brian, Carl und Dennis Wilson eine der bekanntesten Popbands der USA. Im sonnigen Kalifornien komponierten sie in wechselnden Besetzungen Hits wie „Surfin USA", „Good Vibrations" oder „I Get Around" und veröffentlichten insgesamt über 30 LPs in der Zeit bis zu ihrer endgültigen Auflösung 1996. Heute lebt nur noch Brian Wilson, der mit seiner Band „The Wondermints" nach wie vor kleine Erfolge hat.

Melodik „As Tears Go By"

1. Schreibe die Melodie in der richtigen Reihenfolge auf.

1. It is the evening of the day.
   I sit and watch the children play.
   Smiling faces I can see, but not for me.
   I sit and watch as tears go by.

2. My richness can't buy everything,
   I want to hear the children sing.
   All I hear is the sound of rain falling on the ground.
   I sit and watch as tears go by.

3. It is the evening of the day.
   I sit and watch the children play.
   Doing things I used to do, thinking of you.
   I sit and watch as tears go by.

2. Kreuze beim Hören des Stückes die zutreffenden Stichworte an.

◯ fading out	◯ Geige	◯ E-Bass
◯ eingängiger Refrain	◯ E-Gitarre	◯ Soloteil
◯ Tanzmusik	◯ Drumset	◯ Rock 'n' Roll
◯ einfacher Song	◯ Akustikgitarre	◯ hoher Gesang
◯ Gitarrenintro	◯ Cello	◯ träumerischer Charakter
◯ Chorgesang	◯ Halleffekt	◯ Summen

Global Player: Punk vs. Pop

Nach 1970 explodiert der Musikmarkt und es entwickelt sich eine stilistische Pluralität, die natürlich auch Gegenbewegungen erzeugt. Der konsequenteste und beständigste Anti-Trend geht von New York und London aus und nennt sich „Punk". Bis heute bewahrt die Szene unter dem Motto „No Future" ihren Status und rebelliert damit gegen Kommerz und Mainstream.

1. **Lies auf der linken Seite die drei Absätze zur Entwicklung der Popmusik nach 1970 und gib den Absätzen treffende Überschriften (z. B. Musik, Outfit, Selbstverständnis).**
2. **Sammle, was du unter Punk verstehst und schreibe in drei Absätzen einen zusammenhängenden Text über Punkmusik unter Verwendung z. B. folgender Stichworte:**

- illusionslose Grundhaltung
- kurze, schnelle, einfache Drei-Akkorde-Songs
- Eigenproduktionen und Selbstvermarktung
- provozierende Kleidung (Schnürstiefel, Nieten, ...)
- provokante Texte über das eigene Leben und Leiden
- individuelle Accessoires (bunte Haare, Piercings, ...)
- gegen bürgerlichen Optimismus
- gegen das politische Establishment
- keine Soli und Balladen

Pop!

____

Ende der 1970er-Jahre hat sich die Popmusik in der Folge von Rock'n'Roll, Beat & Co fest etabliert. Viele erfolgreiche Bands und Stars profitieren von professionellen Marketing-Strategien der Musikindustrie und entwickeln eine musikalische Aufbruchstimmung. Das führt dazu, dass unterstützt durch die Entwicklung der Medien, weltweit ein beispielloses Bedürfnis nach Neuem entstehen kann.

____

Die Bühnenshows werden immer aufwendiger, technischer Fortschritt ermöglicht perfekte Konzertevents, ausgefeiltes Studioequipment bedient die gehobenen Ansprüche des Publikums, zirkusreife Garderoben lassen populäre Ausnahmekünstler zum Gesamtkunstwerk mutieren. Das Management unterstützt diese Entwicklung durch die Produktion spektakulärer Musikvideos und globaler Werbekampagnen.

____

Musikalisch entwickelt sich eine enorme Bandbreite, die jeden Geschmack bedienen kann: Disco und Hardrock, Pop und Soul, Rap, Supersolos und Schmuseballaden. Auch die Texte besetzen jede lyrische Nische vom Lovesong bis zum Politsong, vom Wiedervereinigungshit bis zum Globalisierungsschlager.

Punk!

Woraus Punk entstand ...

____
____
____
____
____

Wie Punks sich äußerlich darstellen ...

____
____
____
____
____

Woran man Punkmusik erkennt ...

____
____
____
____
____

3. - **Höre verschiedene Songs von den „Sexpistols", „The Clash" oder den „Ramones" an und sammle weitere musikalische Merkmale, die für Punk prägend sind.**
   - **Kennst du die „Toten Hosen", die „Ärzte"? Weißt du etwas über New Wave oder über die Neue Deutsche Welle? In welcher Hinsicht könnten diese Begriffe und Bands etwas mit Punk zu tun haben?**
   - **Punk ist nur ein Beispiel. Welche weltumspannenden musikalischen Stile (z. B. Weltmusik, Hip-Hop, Gothic ...) kennst du noch? – Und: Wie stehst du selbst zu Punk?**

Spielsatz „La Mer“

Der französische Komponist Charles Trenet soll 1945 während einer Eisenbahnfahrt in nur wenigen Minuten diese legendäre Melodie komponiert haben. Seitdem hat sie eine lange Lebensgeschichte hinter sich, wurde immer wieder zitiert (z. B. von Mr. Bean), der Text wurde geändert (1960 „Beyond The Sea“, Bobby Darin), erfolgreiche Coverversionen (2004, Robbie Williams' „Findet Nemo“) oder Neuinterpretationen („French Kiss“) entstanden. Diese Melodie konnte sich in verschiedensten Zusammenhängen behaupten: als Chanson, Schlager, Filmmusik, Swing-Klassiker und sogar als Klingelton.

1. Analysiert die Melodie, indem ihr zuerst folgende Fragen klärt:
   a) Welche Bedeutung haben die langen Töne in der ersten Stimme?
   b) Gibt es eine Regelmäßigkeit bei ihrer Verteilung?
   c) In welchem Takt ist der Höhepunkt?
   d) Wie wird der Höhepunkt von den anderen Stimmen unterstützt?
   e) Welche Funktion hat die Triole in Takt 9?
   f) Warum wird die Melodie wiederholt?

Vielleicht helfen euch folgende Stichworte:
Wiedererkennungseffekt, Modulation, Tonhöhe, Entspannung, Spannung erzeugen

C. Trenet (1945)
Arr.: C. Netzel

2. Spielt das Arrangement. Wenn ihr die Dreiklänge richtig analysiert, kann auch noch ein Klavier oder eine Gitarre mitspielen.
   a) Ihr könnt zuerst die Basslinie üben, die anfangs drei Mal unverändert erscheint.
   b) Versucht nun gemeinsam die Melodie, achtet auf die Synkopen, übt abschnittsweise.
   c) Die Begleitstimmen 2 und 3 müssen nach Noten gespielt werden.

Dreiklänge 1

Info! Ein Dreiklang besteht aus dem ersten, dritten und fünften Ton einer Tonleiter. Der erste Ton heißt Grundton. Er gibt dem Dreiklang seinen Namen. Man unterscheidet auch bei Dreiklängen zwei verschiedene Tongeschlechter: Der Dur-Dreiklang besteht aus einer großen Terz und einer darüberliegenden kleinen Terz. Der Moll-Dreiklang besteht aus einer kleinen Terz und einer darüberliegenden großen Terz.

Die Verteilung von Halb- und Ganztönen kennst du von den Tonleitern. Auf der Tastatur des Klaviers ist das besonders gut zu sehen. Man kann die Töne eines Dreiklangs gleichzeitig notieren („Akkord") oder auch nacheinander („gebrochener Akkord").

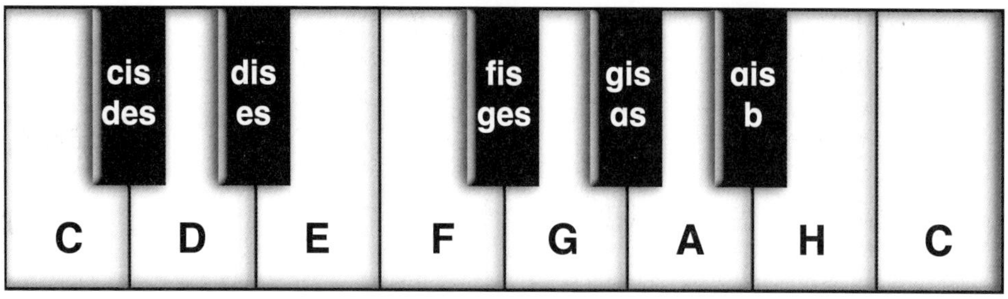

1. Wie heißen folgende acht Dur-Dreiklänge?

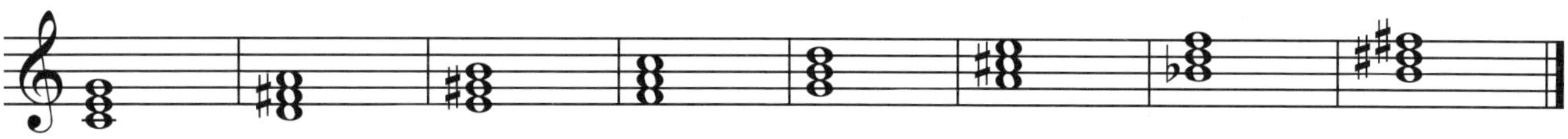

2. Wie heißen folgende acht Moll-Dreiklänge?

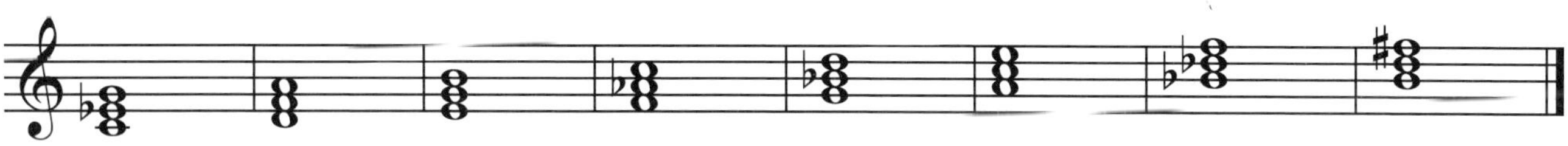

3. Wie heißen folgende sechzehn Dreiklänge? Unterscheide selbst Dur und Moll.

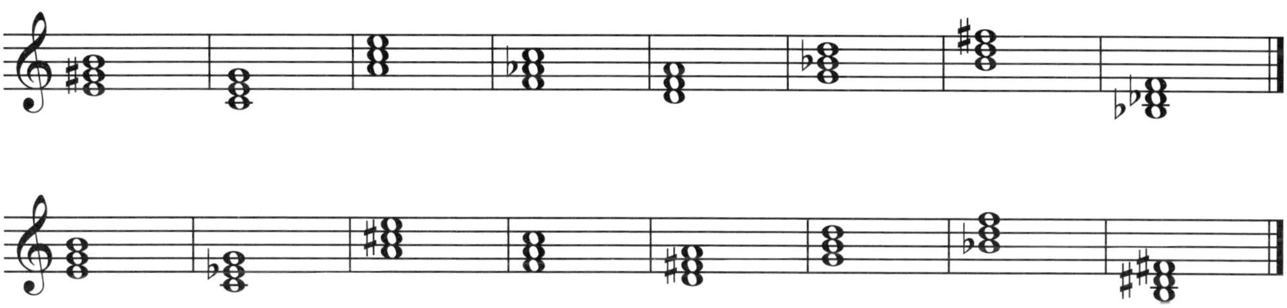

Dreiklänge 2

Wenn der tiefste Ton eines Dreiklangs der Grundton ist, spricht man von „Grundstellung“.
Wenn der tiefste Ton eines Dreiklangs die Terz ist, so spricht man von der „Ersten Umkehrung“.
Wenn die Quinte unten liegt, steht der Dreiklang in der „Zweiten Umkehrung“.

Akkordstellung: C-Dur

Grundstellung — 1. Umkehrung — 2. Umkehrung

Erste Umkehrung:

1. Wie heißen die folgenden Dur-Akkorde?

2. Notiere die entsprechenden Moll-Akkorde.

Zweite Umkehrung:

3. Wie heißen die folgenden Moll-Akkorde?

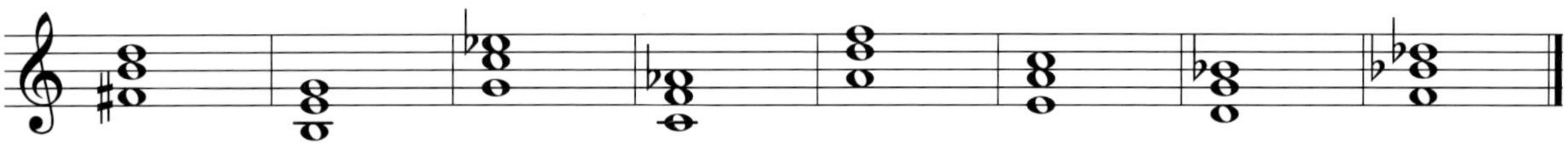

4. Notiere die entsprechenden Dur-Akkorde.

5. Schreibe den Dreiklang in seiner Grundstellung jeweils daneben. Bestimme dann den Ursprungsakkord und seine Stellung (1. oder 2. Umkehrung).

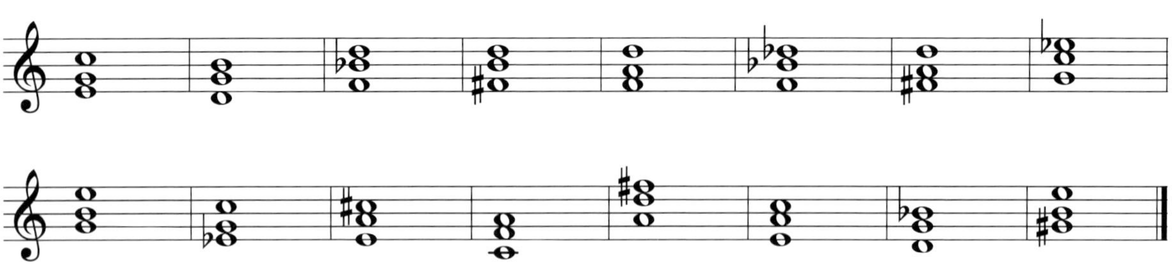

Tipp! Die Analyse und der Umgang mit Dreiklängen und Akkorden ist anfangs unübersichtlich. Wer hier Erfahrungen sammeln möchte und seine Kenntnisse erweitern will, der muss gewissenhaft und regelmäßig üben. In diesem Falle solltet ihr euch immer wieder gegenseitig Aufgaben stellen und auch gemeinsame Klang- und Erfindungsübungen machen.

Studio-Equipment

Hier siehst du eine Reihe von Gegenständen abgebildet, die man bei Musikaufnahmen in Tonstudios außer den Instrumenten noch benötigt.

1. Welche Funktionenen haben diese Geräte? Hilfen findest du im Kasten unten.

2. Ordne zu, welche Gegenstände der Musiker, welche der Techniker und welche der Tonmeister braucht.

Mikrofon

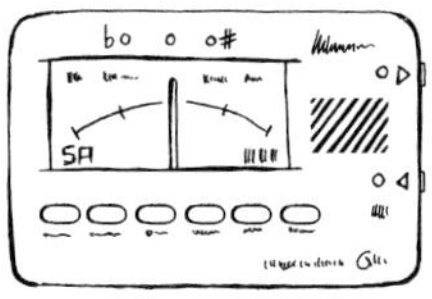

Tuner

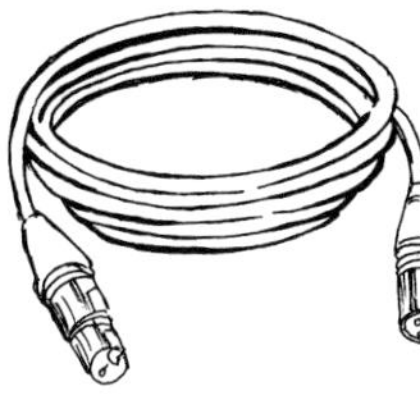

XLR-Kabel

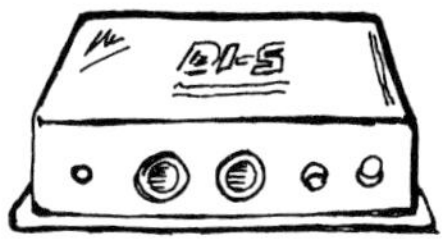

DI-Box

In-Ear-Monitor

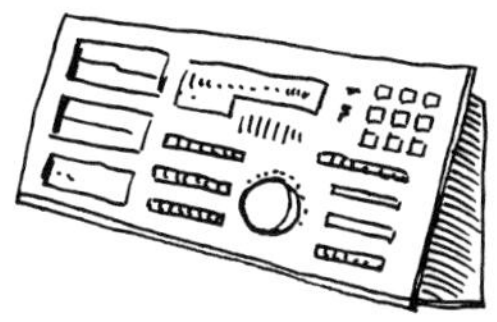

Digitalrecorder

Sequenzer-Software

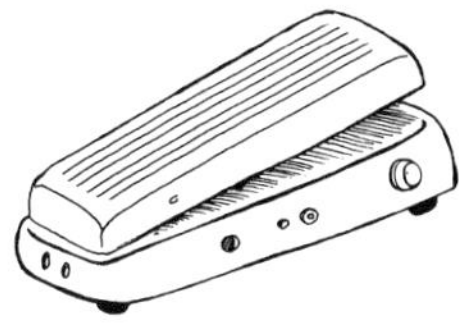

Wah-Wah-Pedal

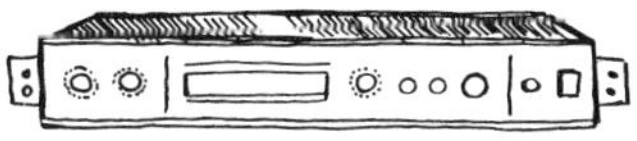

Effektgenerator

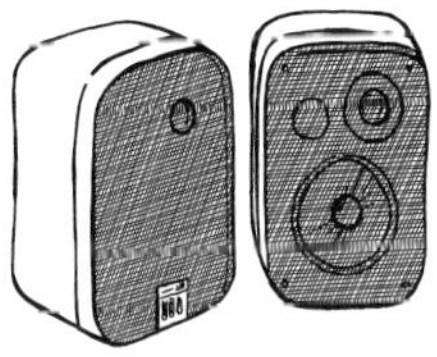

Abhörmonitor

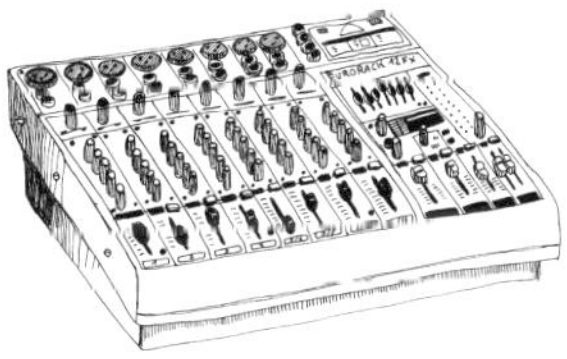

Digitalmixer

Digitales Metronom

3. Informiere dich detailliert über die Aufgaben dieser Spezialgeräte und stelle fest, in welchen Zusammenhängen sie eingesetzt werden. Vielleicht kannst du noch weitere Begriffe klären, z. B. Masterkeyboard, Headset, Poppschutz, Stagemonitor, Gitarrenamp ...

- gibt ein gleichmäßiges Tempo vor
- ermöglicht die Klangbearbeitung auf dem Computer
- mischt die verschiedenen Mikro-Signale
- Lautsprecher
- Effektpedal des Gitarristen
- hilft, die Instrumente richtig zu stimmen
- Schallwandler, der Luftschall in Spannung umwandelt
- Aufnahmemedium
- Gerät, das Klangeffekte erzeugt
- Gerät, das ein Signal aufteilt
- besonders hochwertiger Kleinkopfhörer
- Mikrofon- und Instrumentenkabel

Welcher Künstler prägte seine Epoche? Was waren die bahnbrechenden, zukunftsweisenden Entwicklungen? Welche Technik unterstützte die Entwicklung musikalischer Innovationen wirklich? Diese Fragen sind schon in der Rückschau schwer zu beantworten. Wenn man sie sich für die Gegenwart zu beantworten versucht, so grenzt das an Wahrsagerei. Trendforscher versuchen mit viel Aufwand herauszufinden, was den Geist der Gegenwart ausmacht, sie spüren auf, womit in Zukunft Geld zu verdienen ist. Talentscouts suchen in zahllosen Castingshows nach den Stars von Morgen, zur Not präsentieren sie ihre eigenen Identifikationsfiguren.

Ist die Zeit der großen Idole vorbei, die es verstehen, ihrer Epoche den Stempel aufzudrücken? Das Musikgeschäft ist sicher schnelllebiger geworden, die Szene vielfältiger, die Gesellschaft präsentiert sich äußerst individualisiert. Da wird jede Nische professionell ausgefüllt. Vielleicht zeichnet dieses Dilemma unsere gegenwärtige Lage aus, in der die Stones der 70er noch ebenso präsent sind wie die Scorpions der 70er, die Genesis der 80er, der Bon Jovi der 90er und die Radioheads der 2000er.

Das sind Gedankenspiele, die im Musikunterricht der 9./10. Klasse gespielt werden dürfen. Wenn dies jedoch mit zynischem Unterton geschieht, mit resignativ-wissender Lehrermiene, mit hängenden Schultern vorgebracht, so haben wir eine Chance vertan. Es ist unser Privileg, dass wir in der Lage sind, aus einem enormen Fundus lebendiger Melodien schöpfen zu können, aus Barock, Klassik, Romantik, Jazz, Musical, Pop- und Rockmusik. Es liegt uns alles zu Füßen, wir müssen es nur zugänglich machen und das ist viel einfacher als je zuvor, wenn wir denn unseren Schülern gleichzeitig auch das nötige Handwerkszeug für eine kompetente und kreative Arbeit an die Hand geben.

Suzanne Vega, Spielsatz „Tom's Diner"

Suzanne Vegas Song „Tom's Diner" dient uns hier als Beispiel, das zeigt, wie man ein einfaches Lied nutzen kann, um musikalische Erkenntnisse zu gewinnen und zudem noch kreatives Potenzial zu wecken: In diesem Lied ist die Einfachheit Prinzip. Das erste Arbeitsblatt stellt die Künstlerin vor (Aufgabe 5) und steigt gleich mit vier simplen Formfragen ein. Das Detail, dass Karlheinz Brandenburg bei der Entwicklung des MP3-Standards gerade diesen Song für einen Referenztest auswählte, ist nur eine hübsche Nebengeschichte.
Der Spielsatz „Tom's Diner" ist einfach zu realisieren. Schön wäre es, wenn hier Keyboards zum Einsatz kämen, aber es geht auch mit Stabspielen. Denkbar ist es, mehrere vokale Strophenteile im Wechsel mit instrumentalen Intermezzi zu arrangieren. Versuchen Sie, was möglich ist, machen Sie aus wenig viel, wie Suzanne Vega.

Frauen in der Musik & Maestra gesucht

Hier kommen wir zu einer ganz grundsätzlichen Frage: Warum kennen wir eigentlich so wenige Frauen, die in der Vergangenheit die Musikgeschichte mit geprägt haben? Einige dieser Künstlerinnen zeigt dieses Arbeitsblatt. Tatsächlich wurde Frauen in der sogenannten Klassischen Musik keine große Rolle zugestanden. Nun könnten wir es uns leicht machen und mit einigem Recht auf die Tradition verweisen, nach der in vergangenen Jahrhunderten andere Rollenideale herrschten: Das war eben so und wir können es nicht mehr ändern. Dennoch gab es Frauen, die Musikgeschichte schreiben konnten, trotz widriger Umstände, trotz anderer Umstände. Und diese Frauen sollen hier gewürdigt werden.

Dass sich die Prioritäten heute geändert haben, wissen wir. Dass in Zukunft eine vernünftige Basis für gleiche Voraussetzungen existiert, hoffen wir, und dass unsere Schüler jetzt die richtigen Schlüsse ziehen, das liegt an uns – Hauptsache der Ton stimmt. Ist das so? Noch immer ist eine Dirigentin die Ausnahme. Doch an den Pulten der Profiorchester sitzen zunehmend Frauen, nur Mut, ran ans Mikrofon, an die Gitarre, ans Drum-Set. Um eben dieses Thema geht es auch auf dem Arbeitsblatt „Maestra gesucht". Und wenn Sie können, so recherchieren Sie aktuelle Zahlen und Tendenzen, lassen Sie Material zusammentragen zu diesem aktuellen und spannenden Thema, das nicht nur Schülerinnen interessieren sollte. Für die Bearbeitung dieser Blätter ist ein internetfähiger Recherchecomputer hilfreich.

Casting 1 & Casting 2

Auf den folgenden Seiten nun schließt sich ein großer Kreis. Wir beurteilen heute Musik längst nicht mehr nur nach traditionellen Gesichtspunkten. Die Romantik brach mit starren Formen, der Jazz bescherte uns die Improvisation und die Popmusik ordnet teilweise massiv musikalische Parameter dem Diktat der Rentabilität unter. Musik wird auch danach beurteilt, wie sie präsentiert wird und wer sie präsentiert. Wir können diese unselige Konstellation näher betrachten und herausfinden, wie weit aktuell trendige Schlagworte wie Performance oder Personality beim individuellen Musikkonsum Priorität haben. Die Einheit *Casting* versucht über objektive Kriterien zu einem subjektiven aber begründeten Urteil zu führen. Es werden erst Begriffe geklärt und später wird die persönliche Meinung eingefordert – zum Schluss will jedes Wort gut überlegt sein. Das ist gar nicht so einfach im Zeitalter der gnadenlosen Rankings, wer es nicht glaubt, schaut sich den Musicalfilm „A Chorus Line“ an, der bereits 1985 gedreht wurde (das Musical selbst stammt von 1975!). Oder Sie erzählen einfach mal von einer normalen Aufnahmeprüfung an einer staatlichen Musikhochschule.

Im Cyberspace

Dominierten in den 70er-Jahren noch ganz selbstverständlich analoge Tonträger, so treten wir in der Folge unaufhaltsam in die Welt des Cyberspace ein. Der Computer und mit ihm die Digitalisierung von Schallsignalen bringt völlig neue Begrifflichkeiten ins Spiel. Dieses Arbeitsblatt ist das Bindeglied von der *Geschichte der Tonaufzeichnung* zum *Download*, in zwei Schritten gehen wir mit ihm den Weg von der Vergangenheit in die Zukunft.

Download & Co.

Das Arbeitsblatt *Download* konfrontiert die Schüler mit einer weiteren Konsequenz des sich immer weiter öffnenden Marktes für musikalische Produkte. Wie funktioniert ein Download-Portal? Welche Folgen hat dieses Medium für den Musikkonsum und wie kann ich seine Möglichkeiten sinnvoll nutzen? Was ist legal? Gute Musik hat ihren Preis, auch heute noch.

Musikalische Zeichen

Vor den Zeichen in der Musik sind alle gleich, auch wenn bisher eher die Männer komponiert haben. Das zeigt uns das vorletzte Arbeitsblatt, das uns auch später noch zum Nachschlagen gute Dienste leisten kann (in der Mozart-Partitur z. B. finden sich viele Zeichen wieder). Denn es gibt theoretische Grundlagen, die wir in Zukunft gut gebrauchen können. Es gibt historische Kenntnisse, die wir auch in der Gegenwart kennen sollten und es gibt unsere eigenen Maßstäbe, die sich hoffentlich mit der steten Erweiterung unserer Kompetenz ebenfalls regelmäßig anpassen.

Von A bis Z

Aus all den verschiedenen Lernbereichen, die dieses Heft berührt, sind auf diesem Quizblatt Fragen zusammengestellt. Das Blatt dient auch als Beispiel dafür, wie man erworbenes Wissen spielerisch immer mal wieder sichern oder zusammenfassen kann.

In diesem Sinne: Erzählen wir unseren Schülerinnen und Schülern, was war, zeigen wir ihnen, was möglich ist und bleiben wir darüber im Gespräch, was nötig ist. Musikunterricht im 9./10. Schuljahr ist spannend!

- Suzanne Vega: „Tom's Diner
  www.songtexte.com/songtext/suzanne-vega/toms-diner-3bd27c70.html
- DNA: „Tom's Diner“,
  www.dailymotion.com/video/xji09_suzanne-vega-toms-diner music
  http://www.lastfm.de/music/Suzanne+Vega/_/Tom's+Diner
  www.lastfm.de/music/Suzanne+Vega/_/Tom's+Diner

- http://www.komponistinnen.de/
- http://www.fembio.org/biographie.php/frau/specials/beruehmte-komponistinnen/
- www.irights.info

Suzanne Vega

1. Höre dir den Song „Tom's Diner" in der Originalversion von Suzanne Vega (1987) und in der Coverversion von DNA an (1990).
2. Analysiere die vier Anfangstakte nach Intervallen, Melodik, Rhythmik und finde die melodischen Besonderheiten heraus.
3. Trage in die Felder im grau unterlegten Kasten ein, wie oft die Sängerin die Melodie nicht auf Text, sondern auf Tonsilben singt.
4. Wie viele musikalisch unveränderte Strophen werden gesungen, in denen sich lediglich der Text ändert?
5. Vervollständige die Sätze anhand der Satzteile im Kasten unten.

I am sitting in the morning
At the diner on the corner.
I am waiting at the counter
For the man to pour the coffee.

And he fills it only halfway
And before I even argue
He is looking out the window
At sombody coming in.

"It is always nice to see you",
Says the man behind the counter
To the woman who has come in
She is shaking her umbrella.

And I look the other way
As they are kissing their hellos and
I'm pretending not to see them
Instead I pour the milk.

And I open up the paper
There's a story of an actor
Who has died while he was drinking
It was no one I had heard of.

And I'm turning to the horoscope
And looking for the funnies
When I'm feeling someone watching me
And so I raise my head.

There's a woman on the outside
Looking inside. Does she see me?
No she does not really see me
Cause she sees her own reflection.

And I'm trying not to notice
That she's hitching up her skirt and
While she's straightening her stockings
Her hair is getting wet.

Oh, this rain it will continue
Through the morning as I'm listening
To the bells of the cathedral
I am thinking of your voice.

a) Geboren 1959 in Kalifornien wuchs Suzanne Vega in New York auf, wo sie auch als Tänzerin und Musikerin arbeitet. 1984 bekommt sie ihren ersten Plattenvertrag …

b) Suzanne Vega ist eine Songwriterin, die weniger politische Akzente setzt, …

c) Ihre Stimme klingt zart und zerbrechlich …

d) Ihr zweites Album „Solitude Standing" wird 1987 zum Erfolg,

e) Erst 1990 aber kommt der Durchbruch,

f) Der zeitgleiche Erfolg auch anderer Musikerinnen wie Tracy Chapman oder Tanita Tikaram bewirkt,

g) 1995 verwendet Karlheinz Brandenburg vom Fraunhofer-Institut „Tom's Diner" dazu,

h) In den folgenden Jahren veröffentlicht Suzanne Vega sieben weitere Alben,

... vor allem die beiden Songs „Tom's Diner" und „Luka" kommen gut an.
... dabei fügt sie ihrem gitarrenorientierten Folk-Stil Elemente von Bossa Nova und Industrial Noise hinzu.
... dass die Akzeptanz von Frauen in der Rockmusik gestärkt wird.
... und veröffentlicht 1985 ihr Debütalbum „Suzanne Vega".
... und das sehr persönliche Timbre trägt zum Erfolg ihrer Songs bei.
... als eine Coverversion der Band DNA „Tom's Diner" zum Hit macht.
... um die erste MP3-Datei zu erstellen.
... sondern eher persönliche Alltagslyrik schätzt.

Spielsatz „Tom's Diner"

Ursprünglich sang Suzanne Vega 1987 den Song „Tom's Diner" a capella, d. h. ganz ohne Instrumentalbegleitung. In der populären Version von 1990 wurden einige elektronisch erzeugte Instrumentalspuren hinzugefügt, sodass das Lied voller klang, tanzbar wurde und sich überhaupt gefälliger präsentierte.

1. Hört die einzelnen Stimmen (A bis D) heraus und spielt sie nach. Arr.: C. Netzel

2. Fallen euch noch ein oder zwei zusätzliche Stimmen ein? Experimentiert.

3. Nun versucht eine musikalische Form zu erstellen, indem ihr festlegt, welche Stimmen in welcher Reihenfolge einsetzen sollen, welche Stimmen wann gemeinsam erklingen, welche Stimmen wann pausieren. Jedes der folgenden Kästchen stellt dabei einen der viertaktigen Abschnitte A–D dar. Mache ein Kreuz in der Tabelle, wenn die Stimme an der betreffenden Stelle erklingen soll.

	A	B	C	D
Takt 1–4				
Takt 5–8				
Takt 9–12				
...				

Frauen in der Musik

1. **Ordne die kleinen Biografien den Lebensdaten zu und gestalte eine chronologische Darstellung dieser bekannten Musikerinnen.**
2. **Was meinst du: Sind Frauen und Männer heute gleichberechtigte Partner im Musikgeschäft?**
3. **Finde heraus, wo du mehr Informationen über Musikerinnen bekommst.**

(1098–1178)

(1709–1758)

(geb. 1954)

(1805–1847)

(1819–1896)

(1893–1918)

(1910–1981)

(1918–1996)

(geb. 1937)

Clara Schumann
war eine berühmte Pianistin und komponierte Lieder und Kammermusik. Nach ihrer Hochzeit 1840 hörte sie auf zu komponieren.

Hildegard von Bingen
lebte in einem Benediktinerkloster und komponierte zahlreiche Choräle und Hymnen.

Lili Boulanger
spielte Geige und Klavier, komponierte Vokal- und Orchesterwerke und errang den wichtigen Kompositionspreis „Prix de Rome". Sie starb mit 24 Jahren an einem Lungenleiden.

Fanny Hensel
war eine besonders begabte romantische Pianistin und Komponistin und die ältere Schwester von Felix Mendessohn Bartoldy (geb. 1809).

Keiko Abe
begann als Marimba-Virtuosin aus japanischer Volksmusik eigene Kompositionen zu entwickeln, die heute zu den Standardwerken für Marimba gehören. Sie moderiert eine eigene Fernsehshow.

Ella Fitzgerald
entwickelte als wichtige Jazzsängerin den Scatgesang und machte viele Aufnahmen mit Louis Armstrong.

Mary Lou Williams
verband als bekannte Pianistin Jazz, Klassik und Kirchenmusik, schuf über 350 Werke und spielte mit vielen berühmten Musikern.

Wilhelmine von Bayreuth
komponierte Opern und Konzerte und spielte meisterhaft Laute und Cembalo. Tochter des Soldatenkönigs Friedrich Wilhelm I. (geb. 1688).

Annie Lennox
ist eine kreative und politisch aktive Songwriterin, die vielfach ausgezeichnet wurde. Ihre Karriere begann 1981 mit den „Eurythmics".

Maestra gesucht

Weibliche Musikerinnen sind uns oft nur als Sängerinnen geläufig. Wie sieht es mit Komponistinnen, Schlagzeugerinnen, Dirigentinnen, Produzentinnen aus? Aktuelle Beispiele gefällig?

1. Die folgenden Frauen haben viele Talente. Wenn du auf die Anfangsbuchstaben achtest, findest du sie heraus. Ein Beruf kommt mehrmals vor.

Rapperin ♦ Schauspielerin ♦ Folksängerin mit politischem Engagement ♦ Arrangeurin ♦ Bandleaderin ♦ Performance-Künstlerin ♦ Marimba-Virtuosin ♦ Jazz-Drummerin ♦ Produzentin ♦ Bassistin ♦ Gitarristin ♦ Komponistin

Keiko Abe (*1937)

M

K

Joan Baez (*1941)

F

K

Laurie Anderson (*1947)

P

K

Maria Schneider (*1960)

A

Ban

K

Terri Lyne Carrington (*1965)

J

K

Pr

Me'shell Ndegeocello (*1969)

Ba

G

K

Queen Latifah (*1970)

R

Sch

K

Maestra gesucht

(aus „Die Zeit", 23.3.2004)

Frauen am Pult mittlerer und großer Orchester sind immer noch eine Rarität. Dagegen haben Geigerinnen, Flötistinnen, Klarinettistinnen zahlenmäßig oft schon mit ihren männlichen Kollegen gleichgezogen. Und selbst erzkonservative Herrenclubs wie die Wiener Philharmoniker akzeptieren mittlerweile Frauen in ihren Reihen. Doch wenn eine Frau zur Generalmusikdirektorin bestellt wird, gleicht das einer kleinen Sensation, und die Kritiker lassen sich vorzugsweise über die Abendrobe der neuen Maestra aus, anstatt sich auf die Bewertung musikalischer Leistungen zu beschränken.

Im Jahre 2002 gab es in Deutschland 76 Opernhäuser mit regelmäßigem Spielbetrieb. Von den 76 Generalmusikdirektoren waren zwei weiblich: Catherine Rückwardt, seit 2000 Generalmusikdirektorin am Mainzer Staatstheater, und Karen Kamensek, seit 2002 in gleicher Position am Opernhaus Freiburg tätig. Dazu kommen 34 eigenständige Symphonieorchester, von denen eines von einer Frau geleitet wird: Romely Pfund, seit 1998 Generalmusikdirektorin der Bergischen Symphoniker Solingen/Remscheid. Ganz nach oben schaffen es nur die wenigsten. „Die gläserne Decke existiert noch", sagt Catherine Rückwardt. Das Gesetz: Je älter der Maestro, desto geachteter, findet auf Frauen natürlich keine Anwendung. „Sie müssen jung sein".

Da ist Simone Young so etwas wie ein Silberstreif am Horizont. Sie wird ab 2005 neue Leiterin der Hamburger Staatsoper und Chefdirigentin der Hamburger Philharmoniker. Nie zuvor wurde einer Frau in Deutschland mehr zugetraut.

(Georg Etscheit, gekürzt von Claudius Netzel)

2. a) Fasse die Hauptaussage des folgenden Artikels in einem Satz zusammen.
b) Wo liegen die Gründe für das beschriebene Problem? Einige findest du im Text.
c) Welche Möglichkeiten in Erziehung, Ausbildung und Politik fallen dir ein, um diesen Zustand zu verbessern?

3. Suche aktuelle Informationen über die Besetzung musikalischer Spitzenpositionen durch Frauen.

Casting 1

In einer Casting-Show geht es meist weniger um Musik, als vielmehr um den jungen Interpreten und seine erweiterten künstlerischen Fähigkeiten. Aus Nobodys werden in kurzer Zeit „Künstler“ geformt, deren Leistungen nicht im klassischen musikalischen Sinne beurteilt werden, vielmehr scheinen populäre Interpretationsideale im Vordergrung zu stehen. Warum bewerten wir Musik heute anders als unsere Eltern und Großeltern?

Ein Musikwissenschaftler macht sich Gedanken über offenbar veränderte Ansichten, die Bewertung von Musik betreffend:

> „Was wollen die Leute von heute hören, was war dem Publikum vor 200 Jahren wichtig? Die Prioritäten scheinen sich verändert zu haben. Anstelle von **Melodik**, **Harmonik** und **Rhythmik** gelten heute Begriffe wie **Performance**, **Tanzbarkeit** und **Personality** als Zauberwörter. Vorbei ist die Zeit, in der **Takt**, **Tempo** und **Tonart** für den Erfolg eines Musikstücks maßgeblich waren, angesagt sind jetzt **Emotion**, **Medienpräsenz** und der richtige **Sound**. **Prominenz** und **Action** auf der Bühne sind die Erfolgsfaktoren, vergessen ist der Reiz von **Dynamik** und **Klangfarbe**, **differenzierter Form** und **kunstvoller Instrumentierung**. Was zählt, ist das **Image** des Künstlers und allenfalls noch eine gewisse **Textrelevanz**.“

1. Welche der dick gedruckten Parameter ordnet man eher traditionellen Sichtweisen zu, welche sind eher populäre Schlagworte?

traditionelle Sichtweisen	populäre Schlagwörter

2. Kläre zuerst die Begriffe und wäge dann ab, wie du es persönlich mit deinen Vorlieben hältst. Dabei kannst du von den folgenden Leitfragen ausgehen.

Welche vier Parameter sind dir persönlich am wichtigsten bei einem Musikstück?

Welche vier Parameter hältst du persönlich am ehesten für entbehrlich?

Kennst du Interpreten, die besonders für folgende Parameter stehen?

Tanzbarkeit	Melodik	Performance

Was hältst du von Casting-Shows? Formuliere einen aussagekräftigen Satz.

Casting 2

1. Führe die folgenden Sätze fort. Formuliere dabei deine eigene Meinung.

Dem Fernsehpublikum gefällt an Casting-Formaten vor allem, dass ...

Bei Casting-Shows ist oft nicht die Musik das Wichtige, sondern ...

Die Shows werden oft durch Special Effects aufgepeppt, weil ...

Songs in Casting-Shows haben meistens folgende Eigenschaften ...

Casting-Kandidaten beschweren sich hinterher oft darüber, dass ...

Wer Informationen über das Musikgeschäft sucht, sollte ...

Ich würde für einen Casting-Auftritt folgenden Song wählen:

Streng genommen war Mozart auch schon ein „Casting-Boy", weil ...

2. Bringe es auf den Punkt: Formuliere drei Sätze zu Casting-Shows, die deine persönliche Position zusammenfassen. Feile so lange an der Formulierung, bis jedes Wort sitzt, z. B.:

auch Interpreten zu entdecken
Es gibt gute ~~Musiker~~ bei Casting-Shows

3. Wer von euch sieht öfters Casting-Shows? Wer ist einverstanden mit diesem Format? Wie hoch ist der Anteil der Gegner in eurer Gruppe? Wer würde selbst einmal gern dort auftreten? Bereitet eine kleine Umfrage vor und wertet sie aus.

Im Cyberspace

1. Diese Zitate machen deutlich, wie der persönliche Umgang mit Musikmedien die verschiedenen Jahrzehnte von etwa 1940 bis 1980 prägte. Versuche eine Zuordnung nach Jahrzehnten, indem du die verschiedenen genannten Medien berücksichtigst.

1940 ♦ 1950 ♦ 1960 ♦ 1970 ♦ 1980

„Ich weiß noch, dass mein Vater einen der ersten CD-Player gekauft hatte. Und dann besaß er zuerst gar keine CDs. Seine Schallplattensammlung hat er irgendwann in den Keller gebracht ..."

„Zum Geburtstag schenkte mir Ralf damals die Kassette mit unseren Lieblingsstücken, die habe ich noch heute aufbewahrt ..."

„Ich benötigte zwei ganze Wochenenden, um für den Abend im Partykeller die besten Stücke auf dem Tonband zusammenzustellen ..."

„Werner hatte die besten Platten. Zu ihm gingen wir am Wochenende, um auf seinem Plattenspieler Little Richard und Chuck Berry anzuhören."

„Im Krieg durfte man ja keine ausländischen Sender hören. Wir schalteten trotzdem manchmal BBC ein und hörten Jazz, der kam wie aus einer anderen Welt ..."

2. Sammle weitere Informationen über die Musik-Hörgewohnheiten der 40er- bis 80er-Jahre.
3. Verbinde die fett gedruckten Fachwörter mit der jeweils zutreffenden Definition.

- gebräuchlich für die künstliche Welt von Millionen vernetzter Computer
- Figur aus dem Internet-Spiel Second Life
- Format zur Datenkompression und -dekomprimierung
- Internet-Tagebuch
- Bezeichnung für Internet-Nutzer
- durch Nutzer selbst gestaltete 3D-Welt im Internet
- Dateien, die auf einem Speichermedium abgelegt werden
- verbunden mit dem Internet
- Datenabspielgerät, z. B. MP3-Player
- digitaler Rechner, der durch verschiedene Hard- und Software vielfältige Aufgaben erfüllt
- Radio- und Fernsehsendungen, die individuell abgespeichert werden können
- Kommunikation über das Internet in Echtzeit
- Abkürzung für „World Wide Web"
- Nutzergemeinschaft

„Auf meinem **Computer** habe ich etwa 500 **Files** als **MP3** abgelegt. Die verwalte ich mit einem Spezialprogramm und das jeweils Beste schicke ich auf meinen **Mediaplayer**. Hier habe ich auch interessante **Podcasts** gespeichert. Über verschiedene **Portale** tausche ich mich per **Chat** mit Freunden in einer **Community** aus und führe einen eigenen **Blog** über die Musik, die mich bewegt. Im **WWW** verfolge ich aufmerksam die Entwicklung von **Second Life**. Hier bauen Millionen von **Usern** an einem künstlichen **Cyberspace**. Mein **Avator** singt sogar einen Song von Suzanne Vega für alle, die **online** sind..."

4. a) Beschreibe mit eigenen Worten, wie sich dem Zitat zufolge das Geschäft mit der kommerziellen Musik in den letzten Jahren gewandelt hat.
b) Stelle kurz dein eigenes Musik-Konsumverhalten dar.
c) Welche Probleme könnten sich aus dem neuen Konsumverhalten für die Künstler ergeben?

Ein Produzent berichtet:
„Seit 25 Jahren dominieren digitale Techniken den Musikkonsum und auch die Musikproduktion. Längst ist es selbstverständlich, dass der Sänger in Deutschland mit seinem Bassisten in Amerika Material austauscht, das in England abgemischt und in Italien gemastert wird. Bald ist dann das Produkt im Internet verfügbar. Früher dienten Live-Auftritte der Promotion, um den lukrativen Plattenmarkt anzukurbeln. Heute werben wir mit Freeware für den Besuch unserer Live-Konzerte, mit denen wir uns alternativ über Wasser halten."

Download & Co.

Heute kann man gezielt und unkompliziert Musik, Filme, Spiele, Hörbücher und aktuelle Sendungen aus dem Internet beziehen. Diesen Service bieten diverse Portale mit unterschiedlicher Angebotsvielfalt.

1. Bündelt euer Wissen und beantwortet folgende Fragen gemeinsam:
- **Welche Portale kennt ihr?**
- **Was kostet ein Musik-Download?**
- **Welche Medien sind erhältlich?**
- **Wer nutzt Download-Portale regelmäßig?**
- **Welche Gefahren seht ihr?**

2. Bezeichne unten, über welche Hauptfunktionen Download-Portale meist verfügen:

① **Menüleiste**
② **Suchmaske**
③ **Medienauswahl**
④ **Persönlicher Datei-Ordner**
⑤ **Log-In**
⑥ **Button für Start, Stopp und Lautstärke**

3. Schreibe die Vorgehensweise beim Download in der richtigen Reihenfolge in die freien Felder unten.

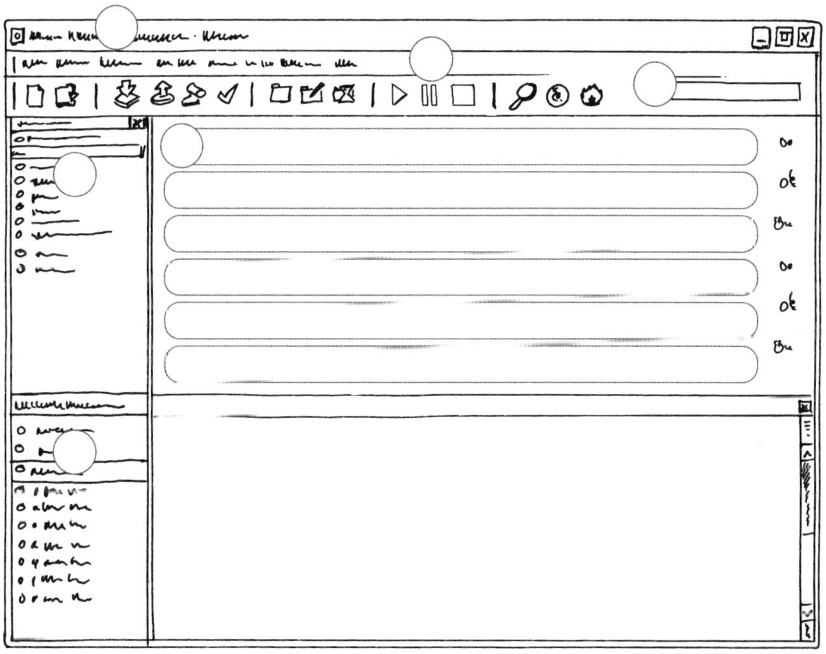

- **einloggen**
- **herunterladen**
- **bezahlen**
- **über Kosten und Zahlungsweise informieren**
- **Portal auswählen**
- **Song auswählen**

4. Was meint ihr, welche der folgenden Handlungen legal ist, welche illegal? In Zweifelsfällen muss recherchiert werden, z. B. unter www.irights.info.

a) Songs aus dem Radio mitschneiden und zum eigenen Gebrauch brennen.
b) Ein Live-Konzert mitschneiden (Bootlegging).
c) Eine legal gekaufte CD weiterverkaufen.
d) Als Geschenk für einen Freund eine DVD kopieren.
e) Im Kino einen Film zum eigenen Gebrauch mitfilmen.
f) Einen Hit selbst neu aufnehmen und verkaufen.

5. Schreibe in Form eines kleinen Kommentars deine eigene Meinung und deine Erfahrungen mit Internet-Anbietern auf, indem du Vor- und Nachteile abwägst und zu einem persönlichen Urteil kommst.

Zeichen in der Musik

Unsere Notenschrift ist fast 1000 Jahre als und ihre Zeichen sind die Grundlage der abendländischen Musiktradition. Kennst du diese Zeichen auch?

1. Welche Bedeutung haben die folgenden Zeichen?

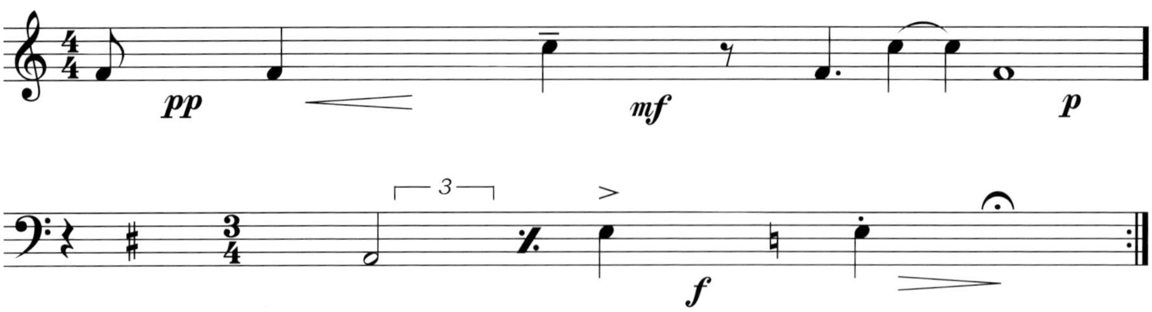

fermate ♦ pianissimo ♦ Ganze Note ♦ Wiederholungszeichen ♦ 4/4-Takt ♦ crescendo ♦ staccato ♦ Viertelnote ♦ Bindebogen ♦ piano ♦ Viertelpause ♦ tenuto ♦ Punktierte Note ♦ Violinschlüssel ♦ Achtelnote ♦ Triole ♦ Faulenzer ♦ forte ♦ Achtelpause ♦ Kreuz ♦ decrescendo ♦ Akzent ♦ 3/4-Takt ♦ Auflösungszeichen ♦ Halbe Note ♦ Bass-Schlüssel ♦ mezzoforte

2. Ordne jedem Begriff ein Zeichen zu.

Von A bis Z

1. **Die Anfangsbuchstaben der Lösungswörter folgen dem Alphabet. Setze die richtigen Lösungen ein.**
2. **Sortiere die Lösungen nach Namen, Stilen, Instrumenten und Fachbegriffen.**

Kästchen	Hinweis
☐☐☐☐☐☐☐	ein Vorname Mozarts
☐☐☐☐	berühmter Barockkomponist, lebte 1685–1750
☐☐☐☐	Fachbegriff für den Schlussteil z. B. einer Sinfonie
☐☐☐	„hartes" Tongeschlecht, große/kleine Terz
☐☐☐☐☐☐	Erfinder des Phonographen
☐☐☐☐☐☐☐	Zeichen für längeres Aushalten eines Tones
☐☐☐☐☐☐	Papst, der den einstimmigen Choral einführte
☐☐☐☐☐	Notenwert, entspricht vier Achteln
☐☐☐☐☐☐☐☐☐	Leiter eines Opernhauses
☐☐☐☐	populäres Musikgenre ab ca. 1900
☐☐☐☐☐☐	Bezeichnung für einen Kirchenmusiker
☐☐☐☐☐☐☐	Wirkungsstadt des Thomaskantors
☐☐☐☐☐☐☐☐☐☐	Überführen in eine andere Tonart
☐☐☐☐☐☐☐☐☐☐	Geburtsstadt des Jazz
☐☐☐☐	musikalisches Bühnenwerk
☐☐☐☐☐☐☐	geistliche Ostermusik in großer Besetzung
☐☐☐☐☐☐☐☐	Werk, von vier Musikern gespielt
☐☐☐☐☐☐☐☐	Stilepoche Antonín Dvořáks
☐☐☐☐☐	Jazz-Stil der Bigband-Ära
☐☐☐☐☐☐☐☐	Blechblasinstrument (z. B. von Miles Davis gespielt)
☐☐☐☐☐☐☐☐☐	Akkorde stehen nicht immer in der Grundstellung, sondern in der ...
☐☐☐☐☐☐☐	Stadt, die Mozart auch besuchte
☐☐☐☐☐☐☐☐	Nachname einer berühmten Pianistin und Komponistin
☐☐☐☐☐☐☐	Schlaginstrument mit Holzstäben
☐☐☐☐☐	Körperteil, das zum Singen unerlässlich ist

7 Lösungen

1685–1750 Johann Sebastian Bach und die Deutschlandreise

S. 9 Johann Sebastian Bach (1685–1750)

1. Berufe und Aufgaben:

Organist	Violinist
Cembalovirtuose	Bratschist
Dirigent	Improvisateur
Orgelgutachter	Komponist
Musiktheoretiker	

2. Kompositionen und Gattungen:

a) Instrumental:

Orgelwerk	Suite
Konzert	Sonate
Fuge	

b) Vokal:

Motette	Kantate
Oratorium	Passion
Choral	

S. 10/11 Deutschlandreise / Der Mensch J. S. Bach

1685–1694 Eisenach
1694–1700 Ohrdruf
1700–1703 Lüneburg
1703–1707 Arnstadt
1707–1708 Mühlhausen
1708–1717 Weimar
1717–1723 Köthen
1723–1750 Leipzig

S. 12 Präludium Nr. 1 C-Dur

1. Von den acht Behauptungen sind a), c), f) und g) richtig.
2. Das Präludium hat 35 Takte.
3. Die Harmonien der ersten 5 Takte sind C-Dur, d-Moll7, G-Dur7, C-Dur und a-Moll

S. 14 Tonleitern 1

Von oben nach unten:
C-Dur, c-Moll, G-Dur, A-Dur, d-Moll, g-Moll, F-Dur, a-Moll und D-Dur

S. 15 Meilensteine

Die chronologische Reihenfolge der „Meilensteine" ist:
Papst Gregor, Guido von Arezzo, Walther von der Vogelweide, Philippe Vitry, Guilleaume Dufay, Jacopo Peri, Andreas Werckmeister, Joseph Haydn, Hector Berlioz, Claude Debussy, Arnold Schönberg

1756–1791 Wolfgang Amadeus Mozart und die Europareise

S. 18 Wolfgang Amadeus Mozart (1756–1791)

1. **Instrumente**: Cembalo, Violine, Klavier, Orgel
   Kompositionsgattungen: Serenaden, Konzerte, Sinfonien, Opern
   Sprachen: Lateinisch, Französisch, Deutsch, Italienisch, Englisch
   Vorname des Vaters: Leopold
   Spitzname der Schwester: Nannerl
   Name seiner Frau: Konstanze
   Länder: Italien, Frankreich, England, Schweiz, Belgien, Tschechei, Deutschland
   Städte (waagrecht): Wien, Bern, Salzburg, Neapel, Prag, Köln, Brüssel, London
   Städte (senkrecht): München, Paris, Lyon, Berlin, Rom, Dresden, Leipzig, Mannheim, Venedig, Berlin, Mailand, Amsterdam

S. 19 Europareise

2.
1762:	Salzburg, Wien, München
1763–66:	Köln, Brüssel, London, Paris, Lyon, Amsterdam, Bern
1769–71:	Mailand, Rom, Neapel, Venedig
1777–79:	Mannheim, Paris
1788:	Prag, Dresden, Leipzig, Berlin

S. 20/21 Die Partitur 1
Die Partitur 2 – Fachbegriffe

1. Stichwörter

a) Komponistenname
b) Lebensdaten
c) Köchelverzeichnis
d) 1. Satz
e) sehr schnell
f) Alla-Breve-Takt
g) piano (leise)
h) Holzbläser
i) Hörner
j) Streicher
k) erster Geigeneinsatz
l) erster Holzbläsereinsatz
m) Taktzahl 16
n) Violinschlüssel
o) Bratschenschlüssel
p) Bassschlüssel
q) Versetzungszeichen (2 b)
r) Pause für alle Bläser

2. Taktangaben

a) 1	b) 16	c) 14	d) 8
e) 13	f) 16	g) 16–19	h) 20/21

S. 23 Tonleitern 2

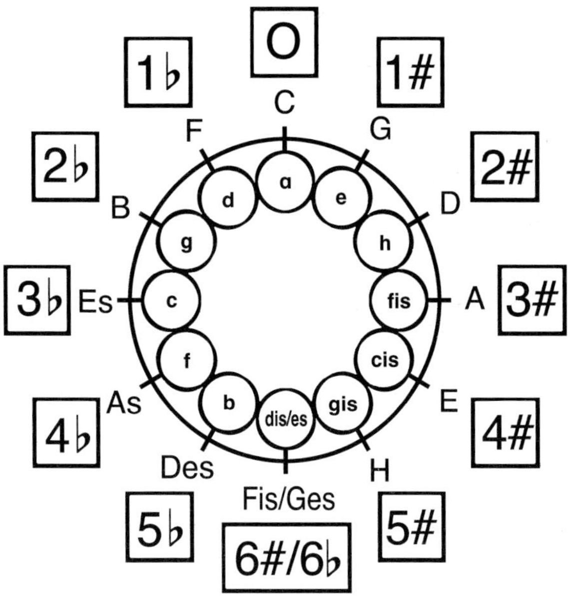

Ein Merksatz für die Dur-Kreuztonarten wäre:
Geh Du Alter Esel Hole Fische

Ein Merksatz für die Dur-B-Tonarten wäre:
Frische Brötchen Essen Asse Des Gesangs

3. Weil die Tonarten im Uhrzeigersinn eine aufsteigende Quinte, im Gegenuhrzeigersinn eine absteigende Quinte voneinander entfernt sind.

4.

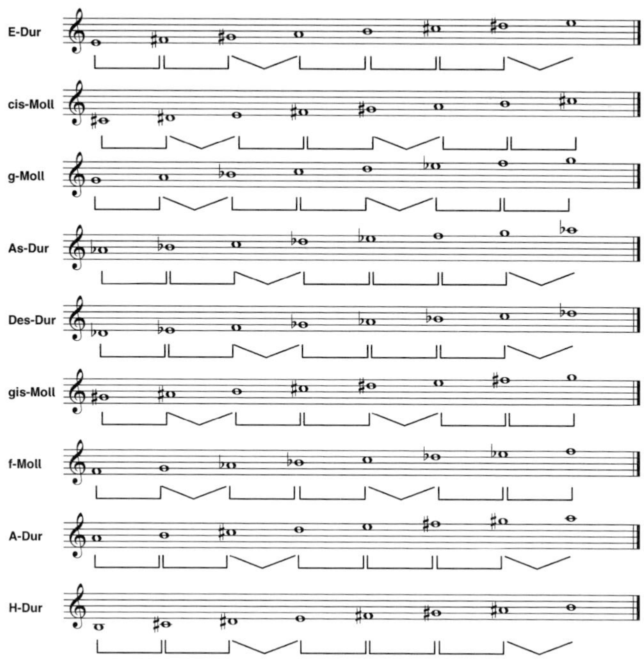

S. 24 Legenden

1./2. **Barock**: Johann Sebastian Bach, Georg Friedrich Händel
Klassik: Wolfgang Amadeus Mozart, Ludwig van Beethoven
Romantik: Frédéric Chopin, Robert Schumann
Jazz: Louis Armstrong, Miles Davis, Benny Goodman
Musical: George Gershwin, Leonard Bernstein
Rock 'n' Roll: Elvis Presley
Rock: John Lennon, Jimi Hendrix

1841–1904 Antonín Dvořák und die Reise nach Nordamerika

S. 27 Antonín Dvořák (1841–1904)

1. Romantik, Volksmusik, Komponist, Sinfonien, „Aus der Neuen Welt", Nordamerika

2. Prag, Moskau, London und New York

3. Er wird geboren: 1841
Er lernt Geige spielen: 1847
Er besucht die Orgelschule: 1857
Er wird Bratschist: 1859 bis 1870
Er erhält ein Stipendium: 1875
Er reist nach London: 1885
Er fährt nach Moskau: 1887
Er wird Professor: 1888
Er reist nach New York: 1892
Er stirbt in Prag: 1904

S. 28 Sinfonie „Aus der Neuen Welt"

Richtige Behauptungen: A, C, E, H, I, K, N, O

S. 29 „Aus der Neuen Welt" 2 – Analyse

1. Richtige Behauptungen: A, D, E, F, G, H

3. Richtungswechsel der Intervalle eines Motivs: Umkehrung/Spiegelung
Wiederholung eines Motivs in einer anderen Stimme: Imitation/Wiederholung
Wiederholung eines Motivs in einer anderen Tonlage: Sequenzierung
Abkürzen einzelner Töne des Motivs: Verkürzung/rhythmische Verkleinerung
Aneinanderhängen verschiedener Motive: Reihung

Teilweises Verändern eines Motivs: Variation
Rückwärtsspielen eines gesamten Motivs: Umkehrung/Krebs
Das Überführen in eine andere Tonart: Modulation

4. Takt 24: Horn
Takt 91: Flöte/Oboe
Takt 149: Flöte

S. 30 Spielsatz „Slawischer Tanz"
Die Form des Stücks ist:
A A B B C D E F A' B' C Coda
Vereinfacht ist es auch möglich, lediglich die ersten 4 Teile (A A B B) vorzuspielen, nach etwa zwei Minuten zu stoppen und evtl. später den Rest des Stückes vorzuspielen.

1. a) Violinen, Bratschen, Celli, Kontrabässe, div. Blasinstrumente, Schlagwerk. Diese Besetzung heißt Sinfonieorchester.
b) Die Melodie wird von den Violinen gespielt, später auch begleitet von der Flöte.
c) e-Moll, 3/8-Takt
d)
- Jeweils 4-taktige Phrasen mit Spannungsbogen und Entspannung am Ende
- Abstufung der 4 Phrasen, Höhepunkt in Takt 10 mit Spitzennote d'''' (Sequenzierung)
- Beginn der Melodie mit Umspielung des Quinttones h, chromatisch umspielt in der Art eines „Doppelschlages"
- große rhythmische Ähnlichkeit der Motive/Phrasen, gleichzeitig ständige harmonische Variation

e) (Angaben in Klammern für fortgeschrittene Schüler/-innen): e-Moll, H-Dur 7 (Dominante), C-Dur mit großer 7 (Subdominantparallele), a-Moll 6 (Subdominante), Fis-Dur (Doppeldominante), e-Moll 4, H-Dur 7, e-Moll, A-Dur 4, C-Dur 7, H-Dur, C-Dur, a-Moll, H-Dur 6, e-Moll

S. 31 Ensembles

1. a) Streichquartett
b) (Klavier-)solist
c) Bläserquintett
d) Gesangsduo
e) Sinfonieorchester
f) Klaviertrio
g) Kirchenchor
h) Bigband

2. 1 Musiker = Solist
2 Musiker = Duo
3 Musiker = Trio
4 Musiker = Quartett
5 Musiker = Quintett
6 Musiker = Sextett
7 Musiker = Septett
8 Musiker = Oktett
9 Musiker = Nonett
10 Musiker = Tentett

3. Streichquartett, Klaviersolist, Bläserquintett, Gesangsduo, Sinfonieorchester, Klaviertrio, Kirchenchor

4. In einer Bigband spielen keine Flöten, weil sie sich wegen zu geringer Lautstärke nicht durchsetzen könnten.

S. 32 Musikberufe

1. a) Komponistin
b) Dirigent
c) Kapellmeisterin
d) Korrepetitor
e) Regisseurin
f) Intendant
g) Interpretin
h) Bandleader
i) Arrangeurin
j) Manager
k) Roadie
l) Produzent
m) Art-Direktorin
n) Orchesterrat
o) Choreograf
p) Requisiteurin
q) Inspizient
r) Maskenbildnerin
s) Bühnenbildner
t) Kostümbildnerin
u) Primaballerina

1901–1971 Louis Armstrong und die Reise des Jazz

S. 35 Louis Armstrong (1901–1971)
1901 wurde er am 4. August in **New Orleans** geboren.
1908 schlug er sich als **Zeitungsverkäufer** durch.
1913 wurde er wegen Unruhestiftung in eine **Jugendanstalt** eingewiesen.
Hier lernte er, auf dem **Kornett** zu spielen.
1918 spielte er zur Unterhaltung auf **Mississippidampfern**.
1922 Umzug zu King Olivers Band nach **Chicago**.
1924 Heirat mit Lil Hardin, einer bekannten **Pianistin**.
Ab **1925** feierte er große Erfolge mit seinen Bands „Hot Five" und **„Hot Seven"**.
1927 stieg er vom Kornett auf die **Trompete** um.
Ab **1930** spielte er hauptsächlich in **Bigbands**.
Ab **1932** machte er Tourneen durch Europa und um die **Welt**.
1947 löste er die Bigband auf und kehrte zurück zum **New-Orleans-Stil**.
Ab **1950** war er als Sänger, Schauspieler und **Entertainer** weltbekannt.
1960 begannen seine gesundheitlichen **Probleme**.

1969 wurde sein Film **Hello Dolly** ein großer Erfolg.
Er gilt unumstritten als einer der besten **Entertainer**.
1971 starb er am 6. Juli in **New York**.

S. 36/37 Der Weg des Jazz 1
Der Weg des Jazz 2

1. **Combo:** Klarinette, Klavier,Tuba, Bass, Gitarre, Kornett, Schlagzeug

2. **1900** New-Orleans-Jazz
Kollektivimprovisation
Louis Armstrong
1910 Dixieland
1920 Chicago-Jazz
Soloimprovisation
Bix Beiderbecke
1930 Swing
Instrumentalsessions
Duke Ellington
1940 Bebop
Grosse Freiheiten
Dizzy Gillespie
1950 Cool-Jazz
Expressivität
Miles Davis
1960 Free Jazz
Freie Improvisation
Ornette Coleman

Bigband
Melodicgruppe:
Trompeten, Saxofone, Posaunen
Rhythmusgruppe:
Gitarre, Klavier, Bass, Schlagzeug

S. 38 Spielsatz „When the Saints“

2. In dieser Reihenfolge: C-Dur, G-Dur, C-Dur, C-Dur(7), F-Dur, f-Moll, C-Dur, G-Dur, C-Dur

S. 39 Spielsatz „Bags' Groove“

1. a – a – a – a – d – d – a – a – e – d – a – a: Bluesschema in a-Moll
2. Die erste und die zweite Stimme spielen drei Mal eine viertaktige identische Melodie, auch der Rhythmus wird nicht variiert. Die vierte Stimme (Bass) spielt stetige Viertel („Walking-Bass“). Die dritte Stimme spielt drei Mal eine rhythmisch gleiche, melodisch leicht veränderte Melodie. Der Rhythmus der ersten, zweiten und dritten Stimme ist identisch.
3. Das Tongeschlecht wird zwar durch die eindeutige Basslinie vorgegeben, die Stimmführung der Mittelstimmen löst jedoch die eindeutige Zuordnung zu Dur oder Moll auf, was reizvolle Klangfarben erzeugt.

S. 40 Die Geschichte der Tonaufzeichnung

1. **a) Phonograph**: Dem Erfinder Thomas A. Edison gelang es 1877, die menschliche Stimme „einzufangen“. Bei diesem Gerät ritzte eine Nadel Rillen in eine Wachswalze.
b) Grammofon: Emil Berliner meldete 1887 dieses Gerät zum Patent an und bis in die 30er-Jahre waren die Schelllackplatten dafür sehr verbreitet.
c) Jukebox: Bereits 1890 konnte man eine 20-Cent Münze hineinwerfen. In den Jahren 1946/47 stellte die Firma Wurlitzer 1,3 Mio Automaten auf.
d) Schallplattenspieler: Um 1925 löste dieses Magnetnadelsystem das Grammophon ab und bis in die 80er-Jahre waren Singles und LPs die beliebtesten Abspielmedien.
e) Tonbandgerät: Das erste funktionstüchtige Gerät wurde 1935 von AEG vorgestellt, die Magnetbänder waren noch sehr empfindlich.
f) Kassettenrekorder: 1965 brachte Philips für 299,- DM das erste Serienmodell heraus und noch heute werden viele dieser vielseitigen und einfachen Abspielgeräte benutzt.
g) CD-Player: Ab 1982 tritt die digitale Tonaufzeichnung ihren Siegeszug an. In diesen Geräten wird eine mit Silber bedampfte Plastikscheibe von einem Laser abgetastet.
h) MP3-Player: In diesen digitalen Playern bewegt sich nichts mehr, sondern die Musikdateien werden auf einer winzigen Festplatte gespeichert.

S. 41 Tonarten

1. **Dur:**
Hänschen klein (G-Dur)
Alle meine Entchen (F-Dur)
Freude schöner Götterfunken (D-Dur)
Moll:
Heho, spann den Wagen an (c-Moll)
Drunken Sailor (e-Moll)
Kalinka (g-Moll)

S. 42 Legendäre Musikinstrumente

1. a) Silbermann-Kirchenorgel
b) Gibson-Les-Paul-E-Gitarre
c) Marshall-Gitarrenverstärker
d) Wurlitzer-Musicbox
e) Selmer-Saxofon
f) Ampex-24-Spur-Tonbandmaschine
g) Moog-Synthesizer
h) Stradivari-Violine
i) Ludwig-Drumset
j) Fender-Stratocaster-E-Gitarre
k) Shure-SM58-Mikrofon
l) Steinway-Flügel

1960–2000 Pop reist um die Welt

S. 45 Bands der 60er-Jahre

Rolling Stones: 1962 bis heute, Rhythm&Blues, London, (Mick Jagger, Brian Jones, Charlie Watts, Bill Wyman), Satisfaction, As Tears Go By

Beatles: 1962, 1969, Beat, Liverpool, (John Lennon, Paul McCartney, George Harrison, Ringo Starr), Yesterday, Let It Be

The Who: 1964, 1978, Mod-Rock/Rock 'n' Roll, London, (Roger Daltrey, Pete Townshend, Keith Moon, John Entwhistle), My Generation

The Kinks: 1964, 1984, Rock, London, (Ray und Dave Davies, Mick Avory, Peter Quaife), Lola, Sunny Afternoon

The Beach Boys: 1961, 1996, Surf-Pop, Kalifornien, (Brian, Carl und Dennis Wilson, Mike Love, Allan Jardine), Surfin USA, I Get Around, Good Vibrations

S. 46 „As Tears Go By“

1.

2. **Zutreffend ist:** Gitarrenintro, einfacher Song, Geigen, Akustikgitarre, Cello, Halleffekt, Soloteil, hoher Gesang, träumerischer Charakter, Summen, fading out

S. 47 Global Player: Punk vs. Pop

1. **Woraus Punk entstand:** illusionslose Grundhaltung, gegen bürgerlichen Optimismus, gegen das politische Establishment
   Wie Punks sich äußerlich darstellen: Eigenproduktionen und Selbstvermarktung, provozierende Kleidung, individuelle Accesoires
   Woran man Punkmusik erkennt: kurze, schnelle, einfache Drei-Akkorde-Songs, provokante Texte, keine Soli oder Balladen

3. New Wave oder die Neue Deutsche Welle verstehen sich als Weiterentwicklung oder Nachfolge des Punk: einfache Strukturen, Fun-Charakter, aggressive Anwandlungen, auffälliges Äußeres (manches trifft nur teilweise zu).

S. 48 Spielsatz „La Mer“

1. a) Die langen Töne strahlen Intensität und Ruhe aus, gleichzeitig wird aber durch die stetige Tonhöhensteigerung die Spannung erhöht.
   b) Alle 4 Takte endet eine Phrase auf einem langen Ton.
   c) In Takt 8 ist mit dem höchsten Ton der Höhepunkt erreicht.
   d) Unterstützt wird der Höhepunkt hier durch die Modulation über A-Dur nach d-Moll.
   e) Sie ergänzt die melodische Entspannungsphase am Schluss (Abwärtsbewegung) durch eine rhythmisch entspannte Figur (Triole).
   f) Die Melodie wird wiederholt, weil sie sich dann stärker einprägt (Wiederholungs-/Wiedererkennungseffekt).
2. Die Akkordfolge ist (jeweils alle 2 Schläge): C, a, F, G, C, a, F, G, C, a, F, G, C, a, F, A, d, G, C, a, F, G, G, G

S.49 Dreiklänge 1

1. C-Dur, D-Dur, E-Dur, F-Dur, G-Dur, A-Dur, B-Dur, H-Dur
2. c-Moll, d-Moll, e-Moll, f-Moll, g-Moll, a-Moll, b-Moll, h-Moll
3. E-Dur, C-Dur, a-Moll, f-Moll, d-Moll, g-Moll, h-Moll, b-Moll, e-Moll, c-Moll, A-Dur, F-Dur, D-Dur, G-Dur, B-Dur, H-Dur

S. 50 Dreiklänge 2

1. C-Dur, B-Dur, D-Dur, G-Dur, A-Dur, E-Dur, A-Dur, Es-Dur
2. 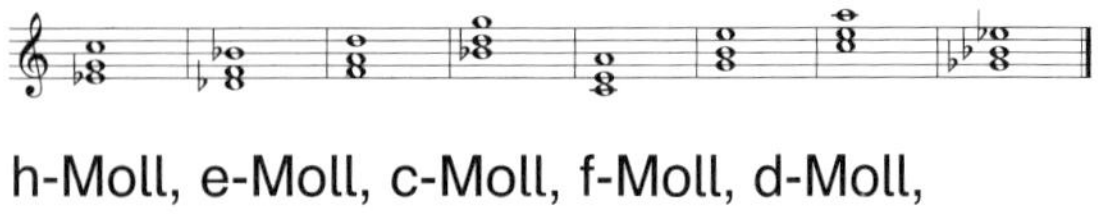
3. h-Moll, e-Moll, c-Moll, f-Moll, d-Moll, a-Moll, g-Moll, b-Moll
4. 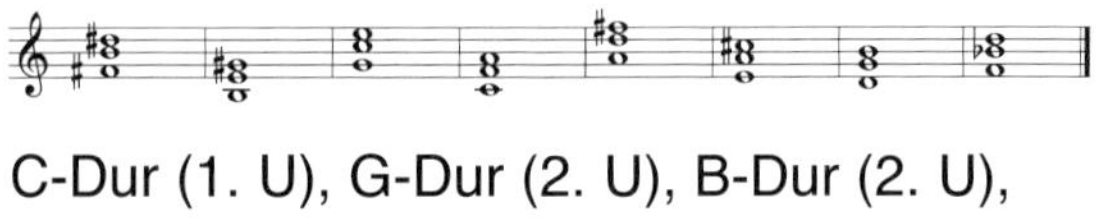
5. C-Dur (1. U), G-Dur (2. U), B-Dur (2. U), h-Moll (2. U), d-Moll (1. U), b-Moll (2. U), D-Dur (1. U), c-Moll (2. U), e-Moll (1. U), c-Moll (1. U), A-Dur (2. U), F-Dur (2. U), D-Dur (2. U), a-Moll (2. U), g-Moll (2. U), E-Dur (1. U)

S. 51 Studio-Equipment

1. Mikrofon – Schallwandler, der Luftschall in Spannung umwandelt
   Tuner – hilft, die Instrumente richtig zu stimmen
   XLR-Kabel – Mikrofon- und Instrumentenkabel
   DI-Box – Gerät, das ein Signal aufteilt
   In-Ear-Monitor – besonders hochwertiger Kleinkopfhörer
   Digitalrecorder – Aufnahmemedium
   Sequenzer-Software – ermöglicht die Klangbearbeitung auf dem Computer
   Wah-Wah-Pedal – Effektpedal des Gitarristen
   Effektgenerator – Gerät, das Klangeffekte erzeugt
   Abhörmonitor – Lautsprecher
   Digitalmixer – mischt die verschiedenen Mikro-Signale
   Digitales Metronom – gibt ein gleichmäßiges Tempo vor

2. Musiker: Digitalmetronom, Wah-Wah-Pedal, Stimmgerät, Mikrofon, In-Ear-Monitor
   Techniker: Flightcase, XLR-Kabel, Stagebox, DI-Box
   Tonmeister: Sequenzer-Software, Digitalmixer, Audiomonitor, Digitalrecorder, Effektgenerator,

1990–heute: Neue Künstler im Cyberspace

S. 54 Suzanne Vega

3. - vor erster Strophe: 7x
   - zwischen 2. und 3. und zwischen 4. und 5. Strophe: 2x
   - zwischen 6. und 7. Strophe: 4x
   - zwischen 8. und 9. Strophe: 2x
   - nach 9. Strophe: 8x

4. Es werden drei musikalisch unveränderte Strophen gesungen.

5. **a)** Geboren 1959 in Kalifornien wuchs Suzanne Vega in New York auf, wo sie auch als Tänzerin und Musikerin arbeitet. 1984 bekommt sie ihren ersten Plattenvertrag …
   ... und veröffentlicht 1985 ihr Debütalbum „Suzanne Vega".

   b) Suzanne Vega ist eine Songwriterin, die weniger politische Akzente setzt,
   ... sondern eher persönliche Alltagslyrik schätzt.

   c) Ihre Stimme klingt zart und zerbrechlich
   ... und das sehr persönliche Timbre trägt zum Erfolg ihrer Songs bei.

   d) Ihr zweites Album „Solitude Standing" wird 1987 zum Erfolg,
   ... vor allem die beiden Songs „Tom's Diner" und „Luka" kommen gut an.

   e) Erst 1990 aber kommt der Durchbruch,
   ... als eine Coverversion der Band DNA „Tom's Diner" zum Hit macht.

   f) Der zeitgleiche Erfolg auch anderer Musikerinnen wie Tracy Chapman oder Tanita Tikaram bewirkt,
   ... dass die Akzeptanz von Frauen in der Rockmusik gestärkt wird.

   g) 1995 verwendet Karlheinz Brandenburg vom Fraunhofer-Institut „Tom's Diner" dazu,
   ... um die erste MP3-Datei zu erstellen.

   h) In den folgenden Jahren veröffentlicht Suzanne Vega sieben weitere Alben,
   ... dabei fügt sie ihrem gitarrenorientierten Folk-Stil Elemente von Bossa Nova und Industrial Noise hinzu.

S. 56 Frauen in der Musik

Namen von links oben nach rechts unten:
Hildegard von Bingen – Wilhelmine von Bayreuth – Annie Lennox – Fanny Hensel – Clara Schumann – Lili Boulanger – Mary Lou Williams – Ella Fitzgerald – Keiko Abe

1. Chronologische Ordnung der Kurzbiographien:
   1098–1178 Hildegard von Bingen lebte in einem Benediktinerkloster und komponierte zahlreiche Choräle und Hymnen.

   1709–1758 Wilhelmine von Bayreuth komponierte Opern und Konzerte und spielte meisterhaft Laute und Cembalo. Tochter des Soldatenkönigs Friedrich Wilhelm I. (geb. 1688).

   1805–1847 Fanny Hensel war eine besonders begabte romantische Pianistin und Komponistin und die ältere Schwester von Felix Mendessohn Bartoldy (geb. 1809).

   1819–1896 Clara Schumann war eine berühmte Pianistin und komponierte Lieder und Kammermusik. Nach ihrer Hochzeit 1840 hörte sie auf zu komponieren.

   1893–1918 Lili Boulanger spielte Geige und Klavier, komponierte Vokal- und Orchesterwerke, errang den wichtigen Kompositionspreis „Prix de Rome". Sie starb mit 24 Jahren an einem Lungenleiden.

   1910–1981 Mary Lou Williams verband als bekannte Pianistin Jazz, Klassik und Kirchenmusik, schuf über 350 Werke und spielte mit vielen berühmten Musikern.

   1918–1996 Ella Fitzgerald entwickelte als wichtige Jazzsängerin den Scatgesang und machte viele Aufnahmen mit Louis Armstrong.

   *** 1937 Keiko Abe** begann als Marimba-Virtuosin aus japanischer Volksmusik eigene Kompositionen zu entwickeln, die heute zu den Standardwerken für Marimba gehören. Sie moderiert eine eigene Fernsehshow.

   *** 1954 Annie Lennox** ist eine kreative und politisch aktive Songwriterin, die vielfach ausgezeichnet wurde. Ihre Karriere begann 1981 mit den „Eurythmics".

3. Einige Möglichkeiten:
   www.archiv-frau-musik.de
   www. drummerworld.com
   www.komponistinnen.de

S. 57 Maestra gesucht

1. **Keiko Abe (*1937)**: Marimba-Virtuosin, **Komponistin**

   Joan Baez(*1941): Folksängerin mit politischem Engagement, **Komponistin**

   Laurie Anderson (*1947): Performance-Künstlerin, **Komponistin**

   Maria Schneider (*1960): Arrangeurin, Bandleaderin, **Komponistin**

   Terri Lyne Carrington (*1965): Jazz-Drummerin, **Komponistin**, Produzentin

   Me'shell Ndegeocello (*1969): Bassistin, Gitarristin, **Komponistin**

   Queen Latifah (*1970): Rapperin, Schauspielerin, **Komponistin**

2. **a)** Es gibt im heutigen Musikgeschäft noch immer keine gleichberechtigte Anerkennung der Leistungen von Frauen.
   Oder: Man sollte Frauen im musikalischen Bereich heute generell mehr Einfluss zugestehen.
   Oder: Noch immer wird Frauen in der Musikszene weniger zugetraut als Männern.

b) Im Text werden folgende Aspekte genannt:
- Traditionelle Orchester sind oft „erzkonservativ".
- Kritiker gehen oft eher auf das Äußerliche ein.
- Es fehlt eine objektive Beurteilung von Leistungen.
- Das Alter spielt bei Frauen eine größere Rolle, sie müssen offensichtlich jung sein.

c) Einige Beispiele:
Quotenbestimmungen bei Bewerbungsverfahren, mehr Anreize für Frauen bieten, sich als „Publikum" ruhig zu Worte melden, Mut in der eigenen Meinungsäußerung zeigen, sich gut informieren, ...

S. 58 Casting 1

1. **Traditionelle Sichtweisen:**
   Melodik, Harmonik, Rhythmik, Takt, Tempo, Tonart, Dynamik, Klangfarbe, differenzierte Form, kunstvolle Instrumentierung

   Populäre Schlagwörter:
   Performance, Tanzbarkeit, Personality, Emotion, Medienpräsenz, Sound, Action, Prominenz, Image, Textrelevanz

S. 60 Im Cyberspace

1. 1940: Im Krieg ...
   1950: Werner hatte ...
   1960: Ich benötigte ...
   1970: Zum Geburtstag ...
   1980: Ich weiß noch ...

3. **Computer**: digitaler Rechner ...
   Files: Dateien, die ...
   MP3: Format zur Datenkompression ...
   Mediaplayer: Datenabspielgerät ...
   Potcasts: Radio- und Fernsehsendungen ...
   Chat: Kommunikation ...
   Community: Nutzergemeinschaft
   Blog: Internet-Tagebuch
   WWW: Abkürzung ...
   Second Life: durch Nutzer selbst gestaltete ...
   User: Bezeichnung für Internet-Nutzer
   Cyberspace: gebräuchlich für die künstliche Welt ...
   Avatar: Figur aus ...
   online: verbunden mit dem Internet

4. **c)** Geringere Verdienstmöglichkeiten, weniger künstlerische Freiräume, Tourstress, höherer Kosten- und Erfolgsdruck, geringe Attraktivität einer Künstlerlaufbahn, ...

S. 61 Download & Co.

1. Ein Song kostet etwa 1 Euro, Filme und Spiele sind teurer.
2.

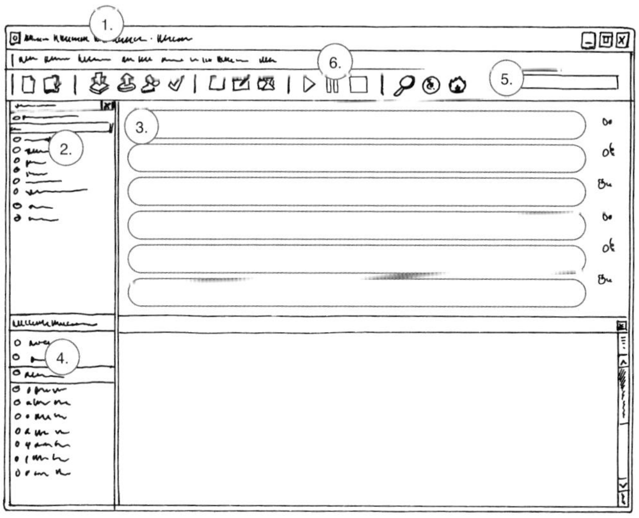

3. Portal auswählen – einloggen – über Kosten und Zahlungsweise informieren – Song auswählen – herunterladen – bezahlen

4. Legal sind nur a), c) und d)

S. 62 Musikalische Zeichen

1./2. Die Zeichen stehen im Notenbeispiel in dieser Reihenfolge:

1. Violinschlüssel (Zeile soll so gelesen werden, dass g auf der zweiten Linie steht)
2. 4/4-Takt (Takt hat vier Zählzeiten)
3. Achtelnote
4. pianissimo (sehr leise)
5. Viertelnote
6. crescendo (lauter werden)
7. Be (die betreffende Note einen Halbton tiefer spielen)
8. tenuto (Note über ihren vollen Wert aushalten)
9. mezzoforte (mittelaut)
10. Achtelpause (Pause von der Länge einer Achtelnote)
11. Punktierte Note (Note um die Hälfte ihres Werts verlängern)
12. Bindebogen (Melodie soll weitergeführt werden)
13. Ganze Note (Note klingt über den ganzen Takt)
14. piano (leise)
15. Bass-Schlüssel (Zeile soll so gelesen werden, dass f sich auf vierter Linie befindet)
16. Viertelpause (Pause in der Länge einer Viertelnote)
17. Kreuz (die betreffende Note einen Halbton höher spielen)
18. 3/4-Takt (Takt hat drei Zählzeiten)
19. Halbe Note
20. Triolenbogen (die darunter befindlichen Noten triolisch spielen)
21. Faulenzer (den Inhalt des vorigen Takts noch einmal spielen)
22. Akzent (Note besonders hervorheben)
23. forte (laut)
24. Auflösungszeichen (Vorzeichen gelten nicht mehr)
25. staccato (Töne deutlich voneinander getrennt spielen)
26. decrescendo (leiser werden)
27. fermate (Note länger als ihren Wert aushalten)
28. Wiederholungszeichen (den eingegrenzten Abschnitt noch einmal spielen)

7 Lösungen

S. 63 Von A–Z

1. Amadeus – ein Vorname Mozarts
   Bach – berühmter Barockkomponist, lebte 1685–1750
   Coda – Fachbegriff für den Schlussteil z. B. einer Sinfonie
   Dur – „hartes“ Tongeschlecht, große/kleine Terz
   Edison – Erfinder des Phonographen
   Fermate – Zeichen für längeres Aushalten eines Tones
   Gregor – Papst der den einstimmigen Choral einführte
   Halbe Note – Notenwert, entspricht vier Achteln
   Intendant – Leiter eines Opernhauses
   Jazz – populäres Musikgenre ab ca. 1900
   Kantor – Bezeichnung für einen Kirchenmusiker
   Leipzig – Wirkungsstadt des Thomaskantors
   Modulieren – Überführen in eine andere Tonart
   New Orleans – Geburtsstadt des Jazz
   Oper – musikalisches Bühnenwerk
   Passion – geistliche Ostermusik in großer Besetzung
   Quartett – Werk, von vier Musikern gespielt
   Romantik – Stilepoche Antonín Dvořáks
   Swing – Jazz-Stil der Bigband-Ära
   Trompete – Blechblasinstrument (z. B. von Miles Davis gespielt)
   Umkehrung – Akkorde stehen nicht immer in der Grundstellung, sondern in der ...
   Venedig – Stadt, die Mozart auch besuchte
   Williams – Nachname einer berühmten Pianistin und Komponistin
   Xylofon – Schlaginstrument mit Holzstäben
   Zunge – Körperteil, das zum Singen unerlässlich ist

Quellennachweis

1. Notenbeispiele

S. 12 Praeludium Nr. 1 C-Dur aus dem 1. Teil des „Wohltemperierten Klaviers“
S. 20 Partitur Mozart, S. 20 Symphony in g minor K 550
S. 22 Arrangement Sinfonie in g-Moll
S. 29 Motive Dvořáks „Aus der Neuen Welt“
S. 30 Arrangement „Slawischer Tanz“
S. 39 Arrangement „Bags' Groove“
S. 46 As Tears Go By: Text & Musik: Mick Jagger/Keith Richards /Andrew Oldham
© 1964 by Essex Music Ltd. – für D/A/CH Nero Musikverlag GmbH & Co. oHG
S. 48 La Mer: © Copyright 1945 by Editions Raoul Breton, Paris
Für Deutschland: Edition Marbot GmbH, Hamburg
S. 55 Tom's Diner (Arrangement): Words and Music by Suzanne Vega © 1987 W B Music Corp and Waifersongs Ltd, Warner/Chapell North Ametica Ltd, Reproduced by permission of Faber Music Ltd, All Rights reserved [4 bar music only extract]

2. Fotografien und Illustrationen

S. 9/24 Johann Sebastian Bach: Wikipedia
S. 18/24 Wolfgang Amadeus Mozart
S. 24 (in Reihenfolge der Bilder)
Frédéric Chopin/Gem. Von B. Franz/nach 1900 © akg-images
Jimi Hendrix/Foto 1969 © akg-images
Louis Armstrong © akg-images
Robert Schumann/Litho von Kriehuber © akg-images
John Lennon © akg-images
Leonhard Bernstein © akg-images
Elvis Presley © akg-images
Miles Davis © Jazzinstitut Darmstadt
Benny Goodman © akg-images
S. 35 Louis Armstrong © akg-images
S. 56 (in Reihenfolge der Bilder)
Hildegard von Bingen/Hildegardisaltar Rochuskapelle Bingen © akg-images
Wilhelmine von Bayreuth/nach Pesce © akg-images
Fanny Hensel/Zeichnung von W. Hensel © akg-images
Clara Schumann/Portrait/Litho. Straub © akg-images
Mary Lou Williams© Jazzinstitut Darmstadt
Ella Fitzgerald © Jazzinstitut Darmstadt

3. Texte

S. 57 Maestra gesucht, Georg Etscheit in: Die Zeit, 23.03.2004

Notizen